LES ÉTATS
DE LA
VICOMTÉ DE TURENNE

PAR

RENÉ FAGE

TOME PREMIER

PARIS
ALPHONSE PICARD ET FILS, ÉDITEURS
Libraires des Archives nationales et de la Société de l'École des Chartes
82, Rue Bonaparte, 82
—
1894

LES ÉTATS DE LA VICOMTÉ DE TURENNE

I

LES ÉTATS

DE LA

VICOMTÉ DE TURENNE

PAR

RENÉ FAGE

TOME PREMIER

PARIS
ALPHONSE PICARD ET FILS, ÉDITEURS
Libraires des Archives nationales et de la Société de l'École des Chartes
82, Rue Bonaparte, 82

1894

AVANT-PROPOS.

Le généalogiste Christophe Justel (1), *qui a rempli, au commencement du XVIIe siècle, les importantes fonctions d'Intendant de la maison de Bouillon* (2), *qui en a dépouillé et classé les archives et a consigné, dans sa précieuse Histoire* (3), *les résultats de ses recherches, n'a pu émettre que des conjectures sur les origines de la vicomté de Turenne. Il serait bien difficile, sinon*

---

(1) Né à Paris en 1580, mort en 1649.
(2) Il occupait auprès de Henri de La Tour, duc de Bouillon et vicomte de Turenne, les fonctions de secrétaire intime. A la mort d'Henri de La Tour, sa veuve se l'attacha comme intendant de sa maison, poste qu'il conserva sous Frédéric-Maurice, successeur d'Henri.
(3) *Histoire généalogique de la maison de Turenne*, 1645, in-f°.

impossible, de faire aujourd'hui plus et mieux que lui.

Les diplomatistes, qui se sont occupés de la question quelques années avant la cession de la vicomté à la Couronne de France, l'ont examinée avec un esprit prévenu, ne cherchant dans les anciens titres que des arguments pour ou contre les droits de souveraineté des vicomtes de Turenne, rendant ainsi plus malaisée la tâche de ceux qui voudraient après eux dégager la solution de ce problème historique.

Nous n'essayerons pas de débrouiller ce qui paraît inextricable. L'histoire de la formation de la vicomté restera en dehors de notre cadre. Il ne sera pas nécessaire de remonter si haut pour dire ce que les documents nous ont appris de l'Assemblée des Etats qui a administré les finances de ce pays jusqu'à l'époque où il a perdu son autonomie.

Ce que nous tâcherons de déterminer avec précision, ce sont les limites de la vicomté au moment où va fonctionner l'institution des Etats, et les modifications qu'elle a subies dans la suite. Il importe, en effet, de connaître l'étendue du ressort dans lequel s'exerçaient les pouvoirs politiques et administratifs de cette assemblée.

Une révolution profonde s'est produite, au milieu du XVIe siècle, dans le mode de recrutement des députés. Jusqu'en 1550 (1), le clergé, la noblesse et le tiers étaient représentés aux Etats de Turenne et en faisaient, à proprement parler, une réunion des trois Etats. Après 1550, nous n'y voyons plus de délégués spéciaux des trois ordres; l'assemblée ne se compose que des consuls ou syndics de quelques villes.

Les documents de la période antérieure à 1550 sont trop rares et trop succincts pour nous permettre d'établir avec certitude le point de départ de l'institution des Etats et d'analyser son fonctionnement.

Pendant la seconde période, les documents abondent. Nous pourrons donc examiner en détail ce rouage gouvernemental, après les modifications qui y ont été apportées au milieu du XVIe siècle, considérer sa structure, son action et ses effets.

A l'origine, les Etats se tenaient en une assemblée plénière dont le ressort s'étendait sur toute la vicomté. Il n'en était plus ainsi en 1469. Dès

---

(1) On verra que cette transformation eut lieu entre 1543 et 1553.

cette époque, nous trouvons la vicomté divisée administrativement en pays de Limosin *et* pays de Quercy, *suivant la situation des terres qui la composaient. Ces deux circonscriptions territoriales avaient chacune leurs assemblées d'Etats qui se réunissaient séparément, en des lieux et à des époques déterminées. Cette complication disparut en 1703. Les deux assemblées se fondirent alors en une seule, composée des députés des deux pays.*

Les Etats de la vicomté de Turenne n'ont jamais été étudiés. Ils ont échappé aux recherches de MM. Just Paquet (1) *et Laferrière* (2). *M. Antoine Thomas, qui a relevé avec le plus grand soin les sessions tenues en Bas-Limousin pendant la première moitié du XV*e *siècle, a laissé volontairement la vicomté en dehors de son champ d'investigation* (3).

---

(1) Just Paquet, *Institutions provinciales, communales et corporatives*, 1835.

(2) Laferrière, *Etudes sur l'histoire et l'organisation comparée des Etats provinciaux aux diverses époques de la monarchie jusqu'en 1789.* Apud séances et travaux de l'académie des sciences morales et politiques, 1860.

(3) Antoine Thomas, *Les Etats provinciaux de la France centrale sous Charles VII*, 2 vol. in-8º, 1879.

Les savants travaux de ces historiens nous ont donné la physionomie exacte des Etats provinciaux de la vieille France. On s'exposerait à bien des erreurs si l'on voulait assimiler à ces assemblées les Etats de Turenne. La vicomté a conservé jusqu'en 1738 ses franchises, son indépendance, son autonomie, ne devait au roi, avant son union à la Couronne, ni subsides ni soldats. Elle s'administrait elle-même. Le vicomte était son seul souverain. Entre lui et ses sujets, il n'y avait d'autre intermédiaire que les Etats. Ceux-ci votaient l'impôt, comme les Etats généraux, et le répartissaient, comme les Etats provinciaux du royaume. A l'inverse des autres assemblées locales, celle de la vicomté alla en se démocratisant, n'admettant dans son sein, pendant la deuxième période de son existence, que des représentants du tiers. A l'abri des coups de main du pouvoir royal, elle conserva jusqu'à la fin un caractère régulier et permanent. Les cahiers de ses délibérations nous permettent de reconstituer le budget d'un grand fief pendant plus de deux siècles. On peut dire que les Etats de la vicomté de Turenne ont été la dernière manifestation de décentralisation admi-

nistrative et financière de la France monarchique. Ils méritent, à tous ces titres, une étude spéciale (1).

---

(1) Dans la recherche des documents qui ont servi de base à cette étude, nous avons été très utilement aidés par MM. Antoine Thomas, maître de conférences à la Sorbonne, et Henri Stein, archiviste aux Archives Nationales; nous devons aussi à M. J.-B. Champeval la communication d'un certain nombre de pièces de sa collection. Nous leur exprimons nos remerciments pour cet obligeant concours.

INTRODUCTION

§ I.

LA VICOMTÉ DE TURENNE.

La *vicaria Torinensis*. — Le *pagus Torinensis* aux vııı⁰ et ıx⁰ siècles. — Testament d'Adémar des Echelles (vers 930). — Erection du territoire de Turenne en vicomté (fin du x⁰ siècle). — Démembrement de 1251. — Fiefs hommagés. — La vicomté en 1350. — La terre de Chameyrat. — Vente de la seigneurie de Larche, en 1442. — Dénombrement des paroisses de la vicomté aux xvı⁰ et xvıı⁰ siècles. — Les châtellenies du Périgord ne sont pas représentées aux Etats. — Limites de la vicomté au xvııı⁰ siècle. — Cantons qu'elle a formés en tout ou en partie dans les départements de la Corrèze, du Lot et de la Dordogne. — Nombre des villes, villages et hameaux compris dans ses limites.

La vicomté de Turenne n'a pas été constituée d'une seule pièce, en empruntant ses limites à une circonscription territoriale préexistante.

La plus anciennement connue des subdivisions

régionales, la *vicaria Torinensis* de la première période mérovingienne, dont la superficie était assez exactement déterminée (1), s'était fondue, dès le vııı{e} siècle, dans un arrondissement géographique plus vaste et moins bien défini, désigné sous le nom de *pagus Torinensis* (2). Des possessions nouvelles ne tardèrent pas à se grouper autour de ce noyau. Dans la seconde moitié du ıx{e} siècle, le *pagus Torinensis* avait une étendue considérable, englobait les anciennes vicairies de Sérilhac (3), d'Espagnac (4), de Rosiers (5), de Puy-d'Arnac (6), et une partie de celles de Brive (7),

---

(1) Elle avait pour limites, au sud, les limites mêmes de l'*Orbis Lemovicinus* (limites de l'ancien diocèse de Limoges, de la province du Bas-Limousin, et aujourd'hui du département de la Corrèze) ; était bornée, à l'ouest, par la vicairie de Chasteaux (canton de Larche, Corrèze) ; au nord, par la vicairie de Brive ; au nord-est, par la vicairie de Sérilhac (dans le canton de Beynat, Corrèze) ; et à l'est, par la vicairie de Puy-d'Arnac (canton de Beaulieu, Corrèze). Elle mesurait environ cinq lieues dans sa plus grande largeur, de l'est à l'ouest, et deux lieues dans son plus grand diamètre, du nord au sud. (Voir la carte du *pagus* ou *Orbis Lemovicinus* jointe au *Cartulaire de l'abbaye de Beaulieu*, publié par M. Maximin Deloche).

(2) On le trouve quelquefois désigné sous le nom de *pagus Tornensis*. — Il semble avoir absorbé, dès cette époque, la partie sud-ouest de la vicairie de Sérilhac. (Maximin Deloche, *Études sur la Géographie historique de la Gaule*, p. 151).

(3) *Vicaria Sariacensis* ou *Seriacensis*. Sérilhac est aujourd'hui un chef-lieu de commune du canton de Beynat (Corrèze).

(4) *Vicaria Spaniacensis*. Espagnac, chef-lieu de commune du canton de La Roche-Canillac (Corrèze).

(5) *Vicaria Rosiarensis*. Rosiers-d'Egletons, chef-lieu de commune du canton d'Egletons (Corrèze).

(6) *Vicaria Asnacensis* ou *de Asnago*. Puy-d'Arnac, chef-lieu de commune du canton de Beaulieu (Corrèze).

(7) *Vicaria Brivensis*. Brive, chef-lieu d'arrondissement.

le Beynat (1) de Naves (2), de Bar (3) et
l'Argentat (4); il débordait dans la vicairie de
Casillac (5), en Quercy, et remontait, vers le nord-
est, jusqu'à Meymac (6), baigné d'un côté par la
Corrèze et de l'autre par la Dordogne.

---

(1) *Vicaria Beennatensis*. Beynat, chef-lieu de canton (Corrèze).

(2) *Vicaria Navensis*. Naves, chef-lieu de commune du canton nord de Tulle (Corrèze).

(3) *Vicaria Barrensis* ou *Barinsis*. Bar, chef-lieu de commune du canton de Corrèze (Corrèze).

(4) *Vicaria Argentadensis* ou *de Argentado*. Argentat, chef-lieu de canton (Corrèze).

(5) *Vicaria Casiliacensis*, sur la rive droite de la Dordogne. D'après Justel (*Histoire généalogique de la maison de Turenne*, p. 18). « Le païs de Turene s'estendoit lors, du costé du midy, au delà de la Dordogne, jusques à Aynac *(Aniciacus)* qui est aujourd'huy de l'hommage du Vicomté de Turene, et Casillac, Stranquel et Cavagnac, proche du ruisseau de Tormente, et de la ville de Turene. » Nous hésitons à admettre, avant le XIIIᵉ siècle, ce prolongement du *pagus Torinensis* jusqu'à Aynac, chef-lieu d'une vicairie quercinoise. Si les documents contemporains mentionnent la *Vicaria Casiliacensis, in pago Torinensi*, ils ne rattachent pas au même *pagus* la *Vicaria Asnacensis* du Quercy. Il est certain que la domination des seigneurs de Turenne s'est exercée, dès une époque reculée, au IXᵉ et au Xᵉ siècles, dans la partie de la vicairie de Casillac qui avoisinait le pays de Turenne, notamment sur Sarazac et Vayrac (voir le testament d'Adémar, dans Baluze, *Historia Tutelensis*, col. 333 et s.), Stronquels et Cavagnac. Il est possible même qu'elle ait atteint jusqu'à Souillac et Lansac; mais on ne peut admettre, sans preuve certaine, que ces seigneurs aient incorporé dans leur domaine le pays d'Aynac (aujourd'hui canton de La Capelle-Marival, dans le Lot), sur la rive gauche et à une assez grande distance de la Dordogne. Justel n'a-t-il pas commis une confusion ? Il existait, au Xᵉ siècle, deux *vicariæ Asnacensis* : l'une limousine, avec Puy-d'Arnac pour chef-lieu; l'autre quercinoise, avec Aynac pour centre administratif. La *vicaria Asnacensis* du Limousin dépendait indubitablement du *pagus Torinensis*; nous ne croyons pas que la *vicaria Asnacensis* du Quercy ait appartenu en totalité à cette époque au même *pagus*. (Cf. Léon Lacabane, *Observations sur la Géographie et l'histoire du Quercy et du Limousin*, pp. 56 et s.). M. Maximin Deloche nous paraît être dans la vérité, en ne donnant au *pagus Torinensis* de la fin du IXᵉ siècle qu'une partie de la vicairie de Casillac en Quercy. (*Etudes sur la Géogr. hist. de la Gaule*, p. 153).

(6) *Meimacum* (Meymac, chef-lieu de canton du département de la Corrèze) était situé au nord de la vicairie de Rosiers.

L'immense domaine créé par les comtes Rodulfe, Godefroi et Robert, premiers seigneurs connus de Turenne, s'était encore accru, lorsque Adémar des Echelles, un des membres de cette puissante famille, fit, vers 930, une magnifique donation à l'abbaye de Tulle (1). Bernard, que l'on croit être le fils d'Adémar, n'en recueillit pas moins, dans l'héritage paternel, des territoires considérables. C'est lui, d'après Justel (2), qui les érigea en vicomté, à la fin du x⁰ siècle, et commença la longue et brillante lignée des vicomtes de Turenne. Nous n'avons pas le dénombrement de ses possessions à cette époque initiale de la vicomté.

Un document du xiii⁰ siècle nous donne la liste des villes et châtellenies qui constituaient alors la vicomté de Turenne. Dans la première moitié de ce siècle, elle comprenait :

1° En Limousin : les châtellenies de Turenne (3), de Curemonte (4), de Larche (5) et leurs dépendances, les villes et territoire de Beaulieu (6) et de Brive.

---

(1) Voir, dans Baluze (*Hist. Tutel.*, col. 333-338), l'énumération des biens légués à l'abbaye de Tulle par le testament d'Adémar.
(2) Justel, *Hist. généal. de la Maison de Turenne*, p. 15.
(3) Chef-lieu de la vicomté, aujourd'hui chef-lieu de commune du canton de Meyssac (Corrèze).
(4) Chef-lieu de commune du canton de Meyssac (Corrèze).
(5) Chef-lieu de canton du département de la Corrèze.
(6) Chef-lieu de canton du département de la Corrèze, siège d'une importante abbaye.

2° En Quercy : les châtellenies de Montvalent (1), de Floirac (2), de Mirandol (3), de Saint-Michel (4), de Cazillac (5), de Saint-Céré (6), de Gagnac (7), de Bétaille (8), de Souillac (9), de Creysse (10) et leurs dépendances, la ville et le territoire de Martel (11).

3° En Périgord : les châtellenies de Salignac (12), de Riberac (13), d'Espeluche (14), de Montfort (15),

---

(1) Chef-lieu de commune du canton de Martel (Lot).
(2) Chef-lieu de commune du canton de Martel.
(3) Paroisse de Gluges et commune de Martel.
(4) Aujourd'hui Saint-Michel-de-Bannières, chef-lieu de commune du canton de Vayrac (Lot).
(5) Chef-lieu de commune du canton de Martel.
(6) Petite ville, chef-lieu de canton du département du Lot.
(7) Gaignac ou Ganihac, aujourd'hui Gagnac, chef-lieu de commune du canton de Bretenoux (Lot).
(8) Chef-lieu de commune du canton de Vayrac.
(9) Chef-lieu de canton du département du Lot.
(10) Chef-lieu de commune du canton de Martel.
(11) Petite ville, chef-lieu de canton du département du Lot.
(12) Salanhac ou Salanac, aujourd'hui Salignac, chef-lieu de canton de l'arrondissement de Sarlat (Dordogne), ancienne châtellenie qui comprenait dix paroisses en leur entier et la paroisse de Saint-Bonnet en partie.
(13) Chef-lieu d'arrondissement de la Dordogne, ancienne châtellenie qui comprenait dix-sept paroisses.
(14) Espelucha, aujourd'hui Espeluche, chef-lieu de commune du canton de Ribérac, ancien repaire noble avec titre de vicomté dès le XIIe siècle, relevait de la châtellenie de Ribérac.
(15) Section de la commune de Vitrac (Dordogne), ancienne châtellenie unie à Aillac.

d'Aillac (1), de Carlus (2), de Terrasson (3), avec leurs dépendances.

Et « généralement tous fiefs et seigneuries, depuis la ville de Martel jusqu'à la cité de Cahors d'une part, et jusqu'à la cité de Limoges d'autre part, et jusqu'à la ville d'Egletons encore d'autre part (4). »

Du vivant de Raymond V, la vicomté rayonnait ainsi sur trois provinces. A sa mort, un partage intervint entre son fils Raymond VI et sa fille Héliz, épouse d'Hélie de Rudel, et fut sanctionné par une sentence arbitrale que certifia la reine Blanche, mère de saint Louis, en 1251. On vient de voir la composition du lot réservé au vicomte.

---

(1) Chef-lieu de commune du canton de Carlux (Dordogne), ancienne châtellenie ; d'Aillac et de Montfort dépendaient six paroisses : Aillac, Carsac, Caudon, Proissans, Sainte-Natalène et Saint-Vincent de Paluel.

(2) Chef-lieu de canton, ancienne châtellenie qui dépendait du diocèse de Cahors et comprenait dix-neuf paroisses.

(3) Chef-lieu de canton de l'arrondissement de Périgueux. En 1363, Terrasson n'était rattaché à la vicomté de Turenne que par des liens d'hommage.

(4) « *Et generaliter homagia, feuda et dominia ad dictum vicecomitatum pertinentia, a villa Martelli usque ad civitatem Caturcensem, et usque ad civitatem Lemovicensem, et usque ad villam del Glotons.* » Sentence arbitrale de 1251, rapportée par Justel aux preuves de l'*Hist. généal. de la Maison de Turenne*, pp. 52 et s.

Le passage de la sentence, que nous venons de citer, nous démontre combien est incomplète, surtout pour le Bas-Limousin, l'énumération des châtellenies de la vicomté que nous avons empruntée au même document.

Voy. *Lettres d'Elie Rudel et d'Hélis de Turenne énumérant les possessions qu'ils abandonnent à Raymond VI, vicomte de Turenne, et à ses héritiers*, du 25 juin 1251, publiées par M. Vayssière dans le *Bull. de la Société scient. hist. et arch. de la Corrèze*, t. VII, p. 341.

Aux termes du même acte, les châtellenies de Ribérac, d'Espeluche, de Carlux, de Salignac, de Larche, de Terrasson, de Souillac, de Montfort, d'Aillac et de Creysse furent démembrées de la vicomté et attribuées à Hélie de Rudel ; elles devaient rentrer plus tard, mais quelques-unes privées de leurs plus précieuses franchises, en la possession du vicomte.

A cette même époque, en outre des membres constitutifs de la vicomté, des devoirs d'hommage mettaient dans sa dépendance un certain nombre de fiefs importants, notamment les châtellenies de Gimel (1), de Carbonnières (2) et de Castelnau de Bretenoux (3).

Un siècle après la sentence de la reine Blanche, la vicomté passait en d'autres mains ; elle était vendue par la vicomtesse Cécile à Guillaume Roger. L'acte d'aliénation du 26 avril 1350 contient une énumération, certainement incomplète, des châtellenies et localités qui la composaient alors. Nous y trouvons mentionnés les châteaux et châtellenies de Turenne, de Saint-Céré, de Ser-

---

(1) Chef-lieu de commune du canton sud de Tulle, châtellenie hommagée à la vicomté de Turenne en 1163.
Voy. le *Relevé des terres et fiefs les plus distingués qui relèvent de la vicomté de Turenne*. (Bulletin de la *Société scientifique de Brive*, t. 2, pp. 411 et s.).
(2) Commune de Goulles, canton de Mercœur (Corrèze) ; châtellenie hommagée en 1272 (*ubi supra*).
(3) Commune et canton de Bretenoux (Lot), ancienne châtellenie importante, hommagée en 1184, 1221 et 1236 (*ubi supra*).

vières (1), de Soursac (2) et de Saint-Merd (3), de Gagnac, de Bétaille, de Montvalent et de Malemort (4) en partie, les localités de La Bastide (5), d'Aynac (6), de Dampniat (7) et de Chameyrat (8), les baillages de Lestrade (9), de Creysse, de Croze (10), de Cousages (11) et de Brivesac (12), enfin les villes de Brive, Beaulieu et Martel (13).

Si l'on compare cet état de la vicomté à celui qui nous est donné par la sentence de 1251, on constate qu'elle a reconquis Creysse et s'est avancée

---

(1) Chef-lieu de commune du canton de Saint-Privat (Corrèze).
(2) Chef-lieu de commune du canton de Lapleau (Corrèze).
(3) Chef-lieu de commune du canton de Lapleau (Corrèze).
(4) Chef-lieu de commune du canton de Brive.
(5) Très probablement La Bastide d'Engraulier (d'après M. Champeval) commune de Laval, canton de Lapleau.
(6) Chef-lieu de commune, canton de La Capelle-Marival (Lot).
(7) Chef-lieu de commune du canton de Brive.
(8) Chef-lieu de commune du canton sud de Tulle.
(9) Châtellenie de Létrange, commune de Lapleau, ou, peut-être, de Lestrade commune de Nonards, canton de Beaulieu. (Identification proposée par M. Champeval).
(10) Commune de Sarrazac, canton de Martel.
(11) Hameau de la commune de Chasteaux, canton de Larche, siège d'une ancienne châtellenie.
(12) Chef-lieu de commune du canton de Beaulieu.
(13) Vente de la vicomté par Cécile, comtesse d'Urgel et vicomtesse de Turenne, à Guillaume Roger, du 26 avril 1350. — Elle vend : *dictum vicecomitatum suum Turenæ, cum universis juribus et pertinentiis suis, et nominatim castrum et castellaniam Turenæ, et castrum et castellaniam Sancti Sereni, et castrum et castellaniam Serveriæ, et loca de Soursaco et S. Medardi, et medietatem loci de Bastida, et castrum et castellaniam de Gannaco, et castrum et castellaniam de Betallia, et castrum et castellaniam Montisvalentis, et loca de Anssenaco. Item vigeriam seu bayliam de Lestrada. Item bayliam de Croysses. Item et baylias de Croczzio, de Cozagio et de Brivesio. Item loca de Dampnhaco, de Chamayraco. Item et eam partem castri de Malomorte, nec non et villarum Brivæ et Belliloci et Martelli.* » (Justel. *Hist. généal. de la Maison de Turenne*, Preuves, p. 103.

jusqu'à Aynac dans le Quercy, et qu'elle a étendu ses limites en Limousin où elle englobe une partie du territoire qui compose actuellement les cantons de Saint-Privat, de Lapleau et de Larche. Il n'est pas question de ses possessions en Périgord.

La terre de Chameyrat, située aux portes de Tulle, était-elle, dès cette époque, membre de la vicomté ? Malgré l'indication de l'acte de vente de 1350, on peut en douter. Nous trouvons, en effet, dans une donation du 10 avril 1413, consentie par la vicomtesse Antoinette au maréchal de Boucicaut, son époux, une distinction nettement établie entre la vicomté proprement dite et la terre de Chameyrat. La vicomtesse laisse à son mari le choix entre la vicomté de Turenne, d'une part, et différentes possessions en Bas-Limousin, d'autre part, notamment Chameyrat (1). Si cette localité n'était alors qu'une propriété particulière de la maréchale, elle ne devait pas tarder à être incorporée à la vicomté.

Nous ne constatons au xv⁰ siècle qu'une seule modification : la seigneurie de Larche, qui dépendait depuis longtemps de la vicomté, en fut démem-

---

(1) « Et encores d'abondant ladite dame voulant sondit mary mieux récompenser, a donné, cédé, transporté audit seigneur... laquelle des terres dessus déclarées qu'il voudra eslire, c'est assavoir la comté de Beaufort en Vallée, ou la vicomté de Turenne, ou Bousols, Fay et Baignols, ou Pontgibault, Montredont, Granges, Nebousac, Saint Alary, Chameyrac, ou autres terres de Limosin, Meyrat, et Talues. » (Baluze, *Hist. généalogique de la Maison d'Auvergne*, t. II, p. 222).

brée par la vente que le vicomte Jacques de Pons en consentit, en 1442, au duc de Penthièvre (1).

Elle avait atteint à ce moment son développement définitif. Les cahiers des Etats, les renseignements donnés par Justel, la carte qui accomgne son Histoire, nous en font connaître assez exactement l'étendue aux XVIe et XVIIe siècles.

Pendant cette longue période et jusqu'à son union à la Couronne, elle se composait des paroisses suivantes :

EN LIMOUSIN.

PAROISSES OU CHATELLENIES	COMMUNES	CANTONS
Turenne.	Turenne.	Meyssac.
Jugeals.	Jugeals.	Brive.
St-Hilaire-de-Cornil.	Cornil.	Tulle.
Chameyrat.	Chameyrat.	Tulle.
Venarsal.	Venarsal.	Brive (2).
Ussac.	Ussac.	Brive.
Dampniat.	Dampniat.	Brive.
Lanteuil.	Lanteuil.	Beynat.
Malemort.	Malemort.	Brive.
Noailhac.	Noailhac.	Meyssac.
Ligneyrac.	Ligneyrac.	Meyssac.
Collonges.	Collonges.	Meyssac.
Saillac.	Saillac.	Meyssac.
Chauffour.	Chauffour.	Meyssac.
Beynat.	Beynat.	Beynat.
Meyssac.	Meyssac.	Meyssac.
S-Bazile-de-Meyssac	Meyssac.—	Meyssac.
Marcillac-la-Croze.	Marcillac-la-Croze.	Meyssac.
St-Julien-Maumont.	St-Julien-Maumont.	Meyssac.
Sérilhac.	Sérilhac.	Beynat.

(1) J. Nadaud, *Nobiliaire du diocèse et de la généralité de Limoges*, t. IV, p. 233.

(2) Une loi du 23 novembre 1891 a distrait la commune de Venarsal du canton de Donzenac pour le rattacher au canton de Brive.

— 23 —

PAROISSES OU CHATELLENIES	COMMUNES	CANTONS
Lostanges.	Lostanges.	Meyssac.
Curemonte.	Curemonte.	Meyssac.
La-Chapelle-aux-Sts.	La-Chapelle-aux-Sts.	Beaulieu.
Végennes.	Végennes.	Beaulieu.
Queyssac.	Queyssac.	Beaulieu.
St-Geniez.	Saint-Geniez.	Saint-Privat.
Puy-d'Arnac	Puy-d'Arnac.	Beaulieu.
Nonards.	Nonards.	Beaulieu.
Tudeils.	Tudeils.	Beaulieu.
Billac.	Billac.	Beaulieu.
Beaulieu.	Beaulieu.	Beaulieu.
Altillac.	Altillac.	Mercœur.
Mercœur.	Mercœur.	Mercœur.
Branceilles.	Branceilles.	Meyssac.
Liourdres.	Liourdres.	Beaulieu.
Sioniac.	Sioniac.	Beaulieu.
Astaillac.	Astaillac.	Beaulieu.
La Garde.	La Garde.	Tulle.
Lissac.	Lissac.	Larche.
Chasteaux.	Chasteaux.	Larche.
Chartrier-Ferrière.	Chartrier-Ferrière.	Larche.
Saint-Cernin.	Saint-Cernin.	Larche.
Estivals.	Estivals.	Brive.
Nespouls.	Nespouls.	Brive.
Noailles.	Noailles.	Brive.
Argentat.	Argentat.	Argentat.
Servières.	Servières.	Saint-Privat.

A cette liste établie sur les cahiers des États, il faut ajouter, d'après Justel (1), les localités suivantes :

LOCALITÉS	COMMUNES	CANTONS
Brive.	Brive.	Brive.
Vergy.	Ussac.	Brive.
Cousages.	Chasteaux.	Larche.
Glény.	Servières.	Saint-Privat.
Hautefage.	Hautefage.	Saint-Privat.
Saint-Privat.	Saint-Privat.	Saint-Privat.

(1) Justel, *Hist. généal. de la Maison de Turenne*, p. 9.

LOCALITÉS	COMMUNES	CANTONS
Hautebrousse.	Saint-Privat.	Saint-Privat.
Darazac.	Darazac.	Saint-Privat.
St-Julien-aux-Bois.	St-Julien-aux-Bois.	Saint-Privat.
Bassignac.	Bassignac.	Saint-Privat.
Saint-Merd.	St-Merd-de-Lapleau.	Lapleau.
Soursac.	Soursac.	Lapleau.

EN QUERCY.

PAROISSES OU CHATELLENIES	COMMUNES	CANTONS
Martel.	Martel.	Martel.
Saint-Céré.	Saint-Céré.	Saint-Céré.
Gagnac.	Gagnac.	Bretenoux.
Saint-Félix.	St-Mic¹-de-Bannières	Vayrac.
Saint-Michel.	St-Mic¹-de-Bannières	Vayrac.
Creysse.	Creysse.	Martel.
Saint-Sozy.	Saint-Sozy.	Souillac.
Blanzaguet.	Pinsac.	Souillac.
Saint-Palavy.	Cavagnac.	Vayrac.
Beyssac.	Strenquels.	Vayrac.
Reyrevignes.	La Chapelle-Auzac.	Souillac.
Bourzoles.	Souillac.	Souillac.
Floirac.	Floirac.	Martel.
Cavagnac.	Cavagnac.	Vayrac.
Gignac.	Gignac.	Souillac.
Rignac.	Cuzance.	Martel.
Cressensac.	Cressensac.	Martel.
Cuzance.	Cuzance.	Martel.
Saint-Bonnet.	Gignac.	Souillac.
Valayrac.	Sarrazac.	Martel.
Sarrazac.	Sarrazac.	Martel.
Murel.	Martel.	Martel.
Mayrac.	Saint-Sozy.	Souillac.
Alvignac.	Alvignac.	Gramat.
Saint-Denis.	Saint-Denis.	Martel.
Bétaille.	Bétaille.	Vayrac.
Mayraguet.	Pinsac.	Souillac.
Cléjouls.	La Chapelle-Auzac.	Souillac.
Saint-Hilaire.	Le Bastit.	Gramat.
Laval.	Cahus.	Bretenoux.
Montvalent.	Montvalent.	Martel.
Gluges.	Martel.	Martel.

Justel ajoute à cette liste des paroisses et châtellenies quercinoises les localités suivantes :

LOCALITÉS	COMMUNES	CANTONS
Autoire.	Autoire.	Saint-Céré.
Saint-Laurent.	St-Laurent-les-Tours	Saint-Céré.
Saint-Médard.	St-Méd^{ard}-de-Presque	Saint-Céré.
Saint-Jean.	St-Jean-Lespinasse.	Saint-Céré.
Belmont.	Belmont.	Bretenoux.
Saint-Vincent.	Saint-Vincent.	Saint-Céré.
Frayssinhes	Frayssinhes.	Saint-Céré.
Lentillac.	Lentillac.	Saint-Céré.

EN PÉRIGORD.

PAROISSES OU CHATELLENIES	COMMUNES	CANTONS
Montfort.	Vitrac.	Sarlat.
Carsac.	Carsac.	Carlux.
Aillac.	Aillac.	Carlux.
Proissans.	Proissans.	Sarlat.
La Canéda.	La Canéda.	Sarlat.
Saint-Vincent.	St-Vincent de Paluel.	Sarlat.
Sainte-Natalène.	Sainte-Natalène.	Sarlat.
Calviac.	Calviac.	Carlux.
Saint-André.	Saint-André.	Sarlat.
Caudon.	Gaulegeac.	Dome.
Gaulegeac.	Gaulegeac.	Dome.
Peyrignac.	Peyrignac.	Terrasson.

Ces châtellenies du Périgord n'étaient pas représentées aux Etats de la vicomté et ne figurent pas sur les listes de répartition des impôts. Lorsqu'elles furent attribuées à Hélie Rudel, en 1251, elles cessèrent de faire partie de la vicomté et perdirent probablement par ce fait leurs franchises ; le pouvoir central les mit à contribution, les assujétit à ses levées de subsides. Elles ne revinrent, dans la suite, à la vicomté de Turenne qu'amoindries, vassales et taillables de la Couronne. Le vicomte ne put leur faire supporter la charge de ses impôts personnels. Elles conservèrent donc, jusqu'à la fin, une situation à part dans la vicomté, assez analogue à celles des nombreuses seigneuries qui n'y étaient rattachées que par des liens d'hommage. Nous n'aurons donc plus, au cours de cette étude, à nous occuper d'elles, puisqu'elles échappent à l'action des Etats.

En ouvrant une carte des départements de la Corrèze, du Lot et de la Dordogne, on se rend facilement compte de l'étendue qu'avait alors la vicomté de Turenne.

Au nord, la Vézère lui sert de limites jusqu'à son confluent avec la Corrèze. Elle déborde, à partir de ce point, sur la rive droite de la Corrèze sans s'en écarter beaucoup, gagne Favars et Poissac et s'arrête au confluent de la Cérone, à quelques cents mètres des portes de Tulle (1).

A l'est, elle descend, presque en droite ligne, de Ventadour, qu'elle laisse en dehors, jusqu'à la Dordogne entre Soursac et Neuvic.

Au sud-est, elle prend une grande partie de la

---

(1) D'après M. J.-B. Champeval (*Bulletin de la Société des Lettres, Sciences et Arts de Tulle*, 1890, p. 521), la vicomté de Turenne s'avançait jusqu'à Tintignac « où elle poussait une pointe fort étroite, à titre de protectorat de ce poste militaire et de la voie romaine. » Nous n'avons pu vérifier ce fait avancé par notre savant confrère.

Xaintrie limousine, entre la Dordogne et le Doustre, jusqu'aux confins de l'Auvergne.

Les deux rives de la Dordogne lui appartiennent du Doustre jusqu'à la Cère, mais elle ne sort guère de sa vallée, Mercœur étant son point extrême vers le sud. Après la Cère, elle s'enfonce dans le Lot en remontant le bassin de la Bave jusqu'à Lentillac et Aynac. La Dordogne l'enferme ensuite, au sud-ouest, à part quelques localités situées sur sa rive gauche.

Dans la Corrèze, elle comprend les cantons de Beaulieu, Meyssac et Brive en entier, une partie de ceux de Larche, Saint-Privat, Mercœur, Argentat, Lapleau, Beynat et Tulle.

Dans le Lot, elle couvre le territoire des cantons de Martel, Souillac, Bretenoux, Saint-Céré, Veyrac, et en partie celui de Gramat.

Enfin, dans la Dordogne, ses possessions s'étendent sur les cantons actuels de Sarlat, de Carlux, de Dome et de Terrasson.

Lorsque la vicomté fut incorporée au royaume, en 1738, sa superficie était la même. La liste des paroisses et châtellenies qui la composaient, dressée à cette occasion, ne présente aucune modification sensible (1). On y comptait sept petites villes (Beaulieu, Argentat, Turenne, Servières, Saint-

---

(1) Arch. Nat. R. 439.

Céré et Gagnac) et environ douze cents villages ou hameaux, avec dix-huit mille cinq cents feux.

C'est sur ce territoire, ainsi déterminé, que l'assemblée des Etats exerçait ses pouvoirs.

§ II.

ORIGINE DES ÉTATS DE LA VICOMTÉ.

Les droits des vicomtes de Turenne d'après un Mémoire de 1711. — Ils n'auraient été, avant le xvi° siècle, que des seigneurs hauts justiciers. — Leurs usurpations de droits souverains. — Les Etats de la vicomté dateraient de 1550. — But du Mémoire de 1711. — Réfutation des erreurs qu'il contient. — Au xv° siècle le roi n'a jamais levé de subsides sur les vicomtins. — Ancienneté des privilèges de la vicomté. — Depuis son origine elle est exempte du paiement des tailles et autres droits royaux. — Les vicomtes ne doivent au roi qu'un hommage d'honneur. — Formes de cet hommage. — Droits de souveraineté des vicomtes. — Comment ils exerçaient leur souveraineté. — Institution des Etats. — Leur ancienneté. — Epoque probable de leur établissement. — Leur fonctionnement est certain dès le commencement du xv° siècle.

Un Mémoire de 1711 (1), composé dans le but évident de prouver que la vicomté était à l'origine une simple seigneurie, dépourvue de tout privilège

---

(1) Arch. nat., U. 978; voir *Pièces justificatives*, n° I.

de souveraineté, dit qu'avant 1550 ses droits se bornaient à la haute, moyenne et basse justice. Le roi seul, d'après l'auteur de ce factum, pouvait y lever des subsides, et il les y aurait levés d'une façon continue, du consentement même du vicomte; un arrêt du Parlement de Paris, en date du 15 juin 1403, aurait consacré ce droit. Pour justifier sa prétention, l'auteur anonyme du Mémoire invoque des rôles d'impositions de 1438 à 1458, comprenant la part contributive de la vicomté et ajoute que les Etats du Bas-Limousin, chargés de répartir la somme qui était imposée sur la province, en rejetaient un cinquième environ sur les paroisses de la vicomté. Les Etats particuliers de ce fief faisaient ensuite, entre les paroisses qui en dépendaient, la répartition de ce cinquième. Il n'y avait donc aucune différence entre les seigneurs de Turenne et les autres seigneurs hauts justiciers ; ils possédaient leurs domaines, avaient sur toute l'étendue de leur haute justice les arrérages de cens et de rentes, les droits de relief et de lods et ventes, rien de plus; pas de privilège en ce qui concerne les subsides.

A quelle époque et dans quelles circonstances le vicomte secoua-t-il le joug royal et devint-il le seul maître chez lui, le souverain de son petit Etat ? Le Mémoire répond à cette question. En 1545, le vicomte de Turenne avait épousé la fille du puissant connétable Anne de Montmorency. Il mit à profit l'influence de ce grand personnage pour entreprendre une série d'usurpations. Des Lettres patentes du roi, en date du mois d'août 1550, le dispensèrent du paiement des subsides. C'est alors qu'il réunit dans son château « quelques paisans qui estoient les sindics de leurs paroisses » et obtint d'eux, en considération de l'exemption dont la vicomté allait jouir dorénavant, une allocation de dix mille écus d'argent comptant et une pension annuelle de trois mille écus. Telle serait l'origine des Etats de la vicomté de Turenne et des droits de souveraineté des vicomtes.

L'esprit de parti, qui a dicté ce Mémoire, est manifeste. L'auteur voulait faire échouer une demande de confirmation des privilèges de la vicomté, présentée au roi par le duc de Bouillon, et il avait — de mauvaise foi, semble-t-il, — dénaturé les faits, faussement interprété les documents, amoncelé les inexactitudes.

Nous n'avons pu retrouver, pour en vérifier le contenu, les rôles d'impositions de 1438 à 1458. Mais l'argument qu'en tire l'auteur du factum est sans valeur. Que les officiers royaux et les Etats provinciaux du Bas-Limousin aient essayé d'assujétir la vicomté au paiement des subsides, nous ne le contestons pas. Les fréquentes suppliques adressées au roi par les vicomtes pour obtenir la reconnaissance de leur exemption, les procès qu'ils ont soutenus à cette occasion (1), le prouvent surabondamment. Ce qui n'est pas démontré, c'est que la perception des subsides ait jamais eu lieu. Nous savons, en effet, par des documents de 1439, 1443 et 1451, que pendant cette période le receveur n'a pu lever aucune somme sur la vicomté de Turenne (2).

---

(1) Sentence arbitrale rendue par Hélie, abbé du monastère de Sarlat, et Guillaume de Malemort, du 1er juin 1251; sentence des Elus du Bas-Limousin, du 13 avril 1468; ordonnance du sénéchal de Limoges, du 8 novembre 1468; sentence de Me Jean de Brous, lieutenant général du Limousin, commissaire député par le roi, du 19 septembre 1520; sentence du 28 mai 1521; sentence de Me Jacques Pichon, conseiller du roi en la justice du trésor à Paris, et Me Gabriel Troupondon, lieutenant à Bourganeuf, commissaires députés par le roi, du 23 décembre 1559; arrêt du Conseil du 11 décembre 1635; arrêt du Grand Conseil, du 6 mars 1636; arrêts du Conseil des 5 janvier 1645, 15 juin 1657, 3 mai 1673, 9 février 1734. (Voir : *Franchises et Libertés de Turenne*, p. 102; Eusèbe Bombal, *Histoire de la ville d'Argentat*, p. 101; Extrait des registres du Conseil d'Etat du 3 mai 1673, communiqué par M. Eusèbe Bombal.)

(2) « Certificat contresigné par Gautier de Péruce et J. Barton, constatant que le receveur n'a pu lever les sommes auxquelles étaient taxées la vicomté de Turenne et la châtellenie de Rochefort, la première se disant exempte de tout subside, la seconde contribuant avec la Marche; 30 juillet 1439. (Bibl. nat., *Clair.*, 220, p. 15.) » Antoine Thomas, *Les Etats provinciaux de la France centrale sous Charles VII*, t. Ier, p. 230, en note.

« Certificat du vicomte de Turenne constatant qu'il n'a rien laissé lever sur sa vicomté de plusieurs aides accordées au roi par les Etats du Bas-Limousin, sadite vicomté étant, par privilège royal, exempte de tout impôt. » Antoine Thomas, *Les Etats provinciaux...* t. II, pp. 167-168.

Au milieu du XVe siècle, la quote-part du Bas-Limousin dans l'*équivalent aux aides* avait été fixée à 6,750 l. t. « Dans la somme de 6,750 l. t. supportée par le Bas-Limousin, dit M. Ant. Thomas, la vicomté de Turenne était comprise pour 536 l. 10 s. t.; mais les habitants de cette principauté ayant absolument refusé de rien payer, la moitié de leur quote-part fut, un peu plus tard, déversée sur le Haut-Limousin dont la charge se trouva ainsi portée à 7,018 l. 5 s t., pendant que celle du Bas-Limousin était réduite à 6,481 l. 15 s. t. » (Voy. sur cette affaire : Arch. nat., K, 692 b, n° 11; Bibl. nat., *Fr.* 5909, fol. 175; 20580, p. 29, et 2886, Rôle des aides pour 1454-5.) Ant. Thomas, *Les Etats provinciaux*, t. Ier, p. 133, texte et note 1.

Quant à l'arrêt du Parlement de Paris, du 15 juin 1403, il statue seulement sur une question de taill aux quatre cas. Au cours des débats, le procureur général avait soutenu, contrairement aux prétentions du vicomte, que la vicomté était une seigneurie ordinaire, sans privilèges spéciaux ; cette difficulté n'était pas soumise à la cour et ne fut pas tranchée. Justel cite et invoque cet arrêt pour prouver, au contraire, que les privilèges de la vicomté ne sont pas clandestins (1).

L'ancienneté de ces privilèges ne saurait être sérieusement mise en doute. Ils sont énoncés dans une sentence arbitrale rendue, en juin 1251, par l'abbé de Sarlat et Guillaume de Malemort (2). Dans une requête du duc de Bouillon, présentée au roi, en son Conseil d'Etat, au mois de mai 1673, nous lisons que « le vicomte de Turenne ayant, en 1263, reconnu la couronne de France et fait hommage volontaire au roi d'Angleterre, fut maintenu en tous ses droits, franchises et immunités, et ses tenanciers et vassaux dans leurs privilèges et exemptions (3) ».

La confirmation qu'en fit Philippe le Hardy est très explicite en ce qui concerne les droits de souveraineté des vicomtes. Les Lettres patentes du

---

(1) Justel, *Preuves*, p. 135.
(2) *Franchises et Libertés de Turenne*. p. 102.
(3) Document communiqué par M. Bombal.

mois d'août 1280 leur reconnaissent, en effet, le droit de concéder des fiefs nobles à des roturiers, de percevoir les finances, de donner sauvegarde, et consacrent pour les habitants l'exemption de tous subsides, même sous prétexte de guerre (1).

En 1332, Philippe de Valois rappelle aux sénéchaux et receveurs de Toulouse, de Carcassonne et du Quercy, que les sujets de la vicomté de Turenne sont « francs et quittes de toutes prestations de tailles, collectes et impositions », et fait défense d'exiger d'eux aucun subside à l'occasion de la dernière guerre de Flandre (2).

Le roi Jean n'est pas moins précis, lorsqu'il reconnaît, en 1350, que la vicomté est exempte de tous droits royaux (3).

Qu'importe, après ces déclarations confirmées par vingt autres (4), que, dans des moments dif-

---

(1) Ces Lettres sont relatées dans l'Extrait des registres du Conseil d'Etat du 3 mai 1673, communiqué par M. Bombal.
(2) *Franchises et Libertés*, p. 9.
(3)   id.   p. 12.
(4) Voici, d'après les *Franchises et Libertés* et l'arrêt du Conseil d'Etat du 3 mai 1673, la liste des confirmations royales des privilèges de Turenne :

1263, confirmation par le roi d'Angleterre.
2 août 1280, Lettres patentes de Philippe le Hardy.
23 avril 1332,   id.   Philippe de Valois.
10 novembre 1350, id.   Jean.
décembre 1350,   id.   Jean.
....   id.   Louis, duc d'Anjou, lieuten¹ du roi.
19 août 1368,   id.   Edouard, roi d'Angleterre.
       1372,   id.   Charles V, en Languedoc et Guienne.
septembre 1374, id.   Charles V.
       1380,   id.   Charles VI.
5 août 1411.   id.   Charles VI.

ciles, certains rois ou leurs officiers aient essayé de lever des contributions sur les habitants de la vicomté. Ce qu'il y a de certain, c'est que, depuis le XIIIe siècle, toutes les fois que les sénéchaux ou commissaires, chargés de percevoir les impositions pour les rois, ont tenté de comprendre la vicomté dans leurs opérations, ils en ont été empêchés (1). L'affirmation de l'auteur du Mémoire de 1711 est donc contredite par une suite ininterrompue de documents qui nous autorise à avancer qu'avant 1550 comme après, les rois de France n'ont jamais levé de subsides sur la vicomté de Turenne.

Cette immunité remonterait, d'après Justel, sans que rien établisse le contraire, à l'origine

---

mai 1446,	Lettres patentes de	Charles VII.
novembre 1461,	id.	Louis XI.
juillet 1484,	id.	Charles VIII.
mai 1499,	id.	Louis XII.
avril 1522,	id.	François I.
octobre 1547,	id.	Henri II.
octobre 1556,	id.	Henri II.
août 1564,	id.	Charles IX.
décembre, 1574,	id.	Henri III.
22 octobre 1593,	id.	Henri III.
22 octobre 1603,	id.	Henri IV.
août 1609,	id.	Henri IV.
octobre 1609,	id.	Henri IV.
août 1633,	id.	Louis XIII.
janvier 1636,	id.	Louis XIII.
26 août 1641,	id.	Louis XIII.
12 mai 1656,	id.	Louis XIV.

A cette liste il convient d'ajouter la confirmation par Louis XI, de 1467, que nous publions aux *Pièces justificatives*, numéro XXXVIII.

(1) Voyez les sentences, ordonnances, arrêts et déclarations déjà cités.

même de la vicomté (1). Bernard, le premier vicomte, dit-il, « pour se maintenir contre la force et puissance des comtes de Tholose, qui desja avoient occupé la comté de Quercy sur ses prédécesseurs, se mit en la protection du Roy de France qu'il recognut et sa couronne, et s'y sousmit volontairement, tant pour luy que pour ses successeurs, à la charge d'estre conservés et maintenus en leurs franchises et libertés héréditaires, et és dignités, droicts et prérogatives qu'ils avoient dans l'étendue de leur terre, et sur leurs subjets (2). »

Il assimile les vicomtes à des princes, tenant, dès le commencement, leur vicomté en toute souveraineté, sans reconnaître aucun supérieur, pas même le roi. La reconnaissance qu'ils ont faite aux rois « de leur souveraineté et du ressort de leur justice, n'est qu'un hommage d'honneur, de respect et de protection, sous le simple serment de fidélité et non de subjection, comme de vassaux à leur seigneur de fief, pour raison de leur domaine et de leur terre ; cela ne les rend point feudataires (car pour estre feudataire, il faut avoir

---

(1) Il est vraisemblable que les terres des comtes de Turenne étaient allodiales, à la fin du IX⁰ siècle, et qu'elles restèrent allodiales avec les vicomtes. Tandis que les leudes moins puissants avaient besoin de la protection royale et, pour l'acquérir, soumettaient leurs domaines au pouvoir du roi, les vicomtes, plus riches et plus forts, conservèrent leur indépendance. Les petits seigneurs, qui entouraient le vicomte de Turenne, se placèrent sous sa protection directe; leurs alleux devinrent ses fiefs. Il se forma ainsi une hiérarchie féodale dont il fut le centre et le pivot, copiée sur la hiérarchie féodale qui groupa les autres leudes autour du roi.

(2) Justel, *Hist. généal. de la maison de Turenne*, p. 15.

reçeu en fief la terre de celuy à qui on la recognoist), au contraire, ils ont toujours joüy de cette seigneurie, des plus nobles du royaume, en toute franchise et liberté, sans aucune charge de fief ny autre quelconque ». Et il ajoute que la vicomté, pour les raisons qui précèdent, est mise par les feudistes « entre les grandes seigneuries qu'ils appellent Dignitez Royales et Fiefs Royaux, *quia regales dignitates et jura regalia annexa habent*, ainsi que le comté de Savoye et le vicomté de Milan, et tels sont les Estats des princes d'Italie et d'Allemagne, lesquels exercent sur leurs subjets tous droicts de souveraineté, quoy qu'ils recognossent l'Empire ou l'Eglise et en prennent l'investiture (1). »

Le droit de battre monnaie, de concéder des fiefs nobles à des roturiers et des terres en mainmorte à des ecclésiastiques, de donner des sauvegardes, d'instituer en communes et en consulats des villes et communautés, de faire des lois et des statuts, de connaître de tous crimes et de toutes causes civiles même en appel, de lever des péages, de faire des chevaliers, de tenir des Etats, de lever des deniers, tous ces droits que l'auteur du Mémoire de 1711 considère comme des usurpations, ne seraient, selon Justel, que l'émanation naturelle

---

(1) Justel, *Hist. généal.*, p. 16.

et la conséquence logique du pouvoir souverain des vicomtes.

Les confirmations royales et les décisions judiciaires des xiiie et xive siècles donnent raison à Justel. Il ne faudrait pas croire, toutefois, que les vicomtes de Turenne jouissaient à l'égard des rois d'une indépendance absolue. Il y avait un témoignage de sujétion très caractérisé dans l'hommage que leur imposa, le 22 avril 1263, le roi d'Angleterre Henri III. En signe de suzeraineté, *in signum dominii*, le vicomte remettait les clés du château de Turenne et de Saint-Céré au roi ou à son mandataire, et deux ou trois hommes, au nom du roi, entraient dans le château, porteurs de la bannière royale qu'ils déployaient sur le donjon ; ils se retiraient ensuite et rendaient les clés. Cet hommage n'était dû qu'une seule fois, mais il devait être renouvelé à l'avénement de chacun des successeurs d'Henri III (1). C'est à ce prix que les vicomtes avaient obtenu du roi d'Angleterre la reconnaissance de leurs privilèges.

Ils parvinrent peu à peu à modifier la forme de cet hommage. Profitant de la ruine de l'influence anglaise et se recommandant de l'autorité des papes d'Avignon, leurs proches parents, ils cessèrent d'admettre dans leur château la bannière royale et se contentèrent de faire sur les évangiles

---

(1) *Franchises et Libertés*..., p. 3.

le serment « d'estre bons et loyaux au roy... et lui garder et tenir de poinct en poinct les articles et chapitre de féauté et hommages (1). » Mais quelque fût la forme de l'hommage qu'ils devaient au roi de France, l'importance et la qualité de leurs privilèges en faisaient de véritables souverains dans l'étendue de leur vicomté (2).

Sous quelles formes et dans quelles conditions les premiers vicomtes exerçaient-ils leur souveraineté ? Jouissaient-ils d'un pouvoir absolu, sans contre-poids, sans conseil autorisé ? Fixaient-ils d'après leur bon plaisir la subvention que devaient leur fournir les paroisses de la vicomté ? Comment faisaient-ils la répartition de cette subvention entre les paroisses et seigneuries ? Comment enfin en opéraient-ils le recouvrement ? Autant de questions qui resteront sans réponse, les documents que nous avons en mains ne nous ayant donné aucun renseignement sur la plus ancienne administration féodale de la vicomté.

Si Turenne a eu, dès l'origine, des assemblées délibérantes, comme d'autres provinces et d'autres grandes seigneuries, il n'en reste aucune trace. La féodalité trouva une organisation toute prête : aux *conventus* laïques du IVe siècle avaient succédé

---

(1) *Franchises et Libertés*, p. 3.
(2) De Bellefon, *De l'hommage dans la vicomté de Turenne*. Brive, Roche, 1882, broch. in-8°, pp 7 et s.

des conciles provinciaux, composés des évêques et des grands de la province ; à l'image de ces assemblées mi-partie, elle institua des réunions où étaient appelés les barons, les seigneurs, les dignitaires ecclésiastiques en raison de leurs possessions à titre de fief et de leurs qualités seigneuriales. Ces assemblées féodales se substituèrent aux conciles provinciaux et se perpétuèrent dans un certain nombre de duchés et de comtés jusqu'à leur rattachement à la couronne (1). La vicomté de Turenne fut-elle administrée dès le xi° siècle par une assemblée de ce genre ? Attendit-elle que les premiers Etats des trois ordres aient fait leur apparition dans les provinces, au xiii° siècle, pour organiser chez elle une assemblée similaire ? Les chartes et les documents antérieurs à 1467 ne font aucune allusion aux réunions de personnages laïques et ecclésiastiques qui se seraient tenues dans la vicomté. C'est dans une requête de cette date que nous en avons trouvé la première mention.

Il est certain, pourtant, que les vicomtes n'attendirent pas jusqu'en 1467 pour assembler sur leurs terres des représentants des trois ordres. Les services qu'ils en pouvaient tirer étaient trop

---

(1) F. Laferrière, *Etude sur l'histoire et l'organisation comparée des Etats provinciaux aux diverses époques de la monarchie jusqu'en 1789*, publiée dans les *Séances et travaux de l'Académie des sciences morales et politiques*, t. 53, 54, 55 et 56.

grands pour qu'ils négligeassent ce moyen de gouvernement. Quels meilleurs répartiteurs des impôts, quels conseillers plus éclairés et moins onéreux pouvaient-ils trouver ? Dans les provinces voisines cette institution faisait ses preuves. Le royaume de France avait ses Etats généraux et ses Etats provinciaux; à son exemple, la vicomté de Turenne, seigneurie souveraine, devait avoir ses Etats des trois ordres.

Dans une requête qu'il adressait au roi Louis XI, en 1467, le comte de Beaufort, Anne de La Tour, exposait que de toute ancienneté et depuis un temps immémorial, ses prédécesseurs et lui avaient le droit et la coutume d'assembler des Etats des trois ordres en la vicomté de Turenne, dans telle localité qu'ils désignaient soit en Limousin soit en Quercy, et toutes les fois qu'ils le jugeaient nécessaire, « pour traicter et besongner des faicts et affaires d'icelle viscomté et pour iceulx conduire et poursuivre. » Il ajoutait que, d'accord avec ses Etats, il imposait sur les habitants de la vicomté les sommes qui lui paraissaient utiles et les faisait lever et employer conformément à leurs ordonnances pour le bien du pays (1).

Les Etats de Turenne avaient donc déjà, en 1467, une longue existence. Peut-être le vicomte avait-il jugé à propos de s'entourer des représen-

---

(1) Arch. nat., R² 494; voy. *Pièces justificatives.* n° VI.

tants des trois ordres de sa vicomté comme d'une sauvegarde contre les entreprises des premiers Etats provinciaux du Limousin et du Quercy. Peut-être avait-il voulu simplement, par un besoin d'imitation, que sa seigneurie souveraine fût dotée de la nouvelle institution administrative qu'il voyait fonctionner dans le royaume. En tout cas, quelqu'ait été le mobile de sa détermination, il est fort probable que la première réunion des Etats de sa vicomté suivit d'assez près les premières réunions des Etats provinciaux de la région.

Mais si cela est probable, la démonstration n'en peut être faite, du moins pour le moment. Il peut y avoir de l'exagération dans la requête que le vicomte présentait au roi, en 1467, lorsqu'il y est question d'une coutume remontant à « tel et si long temps qu'il n'est mémoire du contraire. » A défaut de documents, nous devons renoncer à préciser cette date de l'institution des Etats de Turenne, et nous contenter de dire que leur fonctionnement dès le commencement du XVe siècle est hors de doute.

Dès cette époque, leurs attributions sont clairement déterminées. Les affaires de la vicomté doivent leur être soumises. Sans leur adhésion, le vicomte ne peut lever aucune contribution ; ils en font eux-mêmes la répartition et en assurent la levée ; ils en ordonnent l'emploi. Tous les pouvoirs des Etats généraux et des Etats provinciaux du royaume sont concentrés en leurs mains, parce qu'ils sont une assemblée unique, et que, en raison de la faible étendue de la vicomté, il avait paru inutile de compliquer son administration d'un double rouage.

Par sa requête de 1467, le vicomte de Turenne demandait à Louis XI la reconnaissance de son droit de tenir des Etats des trois ordres. Il paraît qu'il ne présentait pas, à l'appui de sa supplique, la preuve suffisante de l'existence ancienne de ces assemblées, car le roi, dans son désir de ne rien innover, se contente de confirmer d'une façon générale les « droict, prééminances et prérogatives » du vicomte, tout en enjoignant à ses officiers du Quercy et du Limousin de ne pas s'opposer aux réunions des États de la vicomté s'il leur « appert » que le vicomte soit en possession de ce droit.

La démonstration fut faite au sénéchal du Quercy et aux Elus du Bas-Limousin, si tant est qu'elle ait été demandée, car nous allons voir bientôt des assemblées périodiques des trois ordres dans la vicomté de Turenne bien avant l'année 1550, qui était, d'après l'auteur du Mémoire de 1711, celle où pour la première fois les Etats auraient été réunis.

LIVRE I.

ORGANISATION DES ETATS.

PRÉAMBULE.

Avant d'étudier le rôle des Etats de la vicomté, il faut se rendre un compte aussi exact que possible de leur organisation et de leur fonctionnement. On ne peut apprécier l'importance de leur œuvre et leur influence sur le pays dont ils géraient les affaires, sans connaître au préalable les éléments mêmes qui les constituaient. Nous allons donc chercher tout d'abord à recomposer la physionomie de cette institution administrative. Les nombreux documents que nous avons consultés nous en donneront les traits principaux.

Assemblée unique, à l'origine, ses pouvoirs s'étendaient sur toute la vicomté. Le clergé, la noblesse et le tiers-état y étaient représentés. Elle était un contre-poids puissant pour l'autorité des vicomtes. Mais le régime féodal allant à son déclin, l'institution vit amoindrir son indépendance, devint aux mains des vicomtes une machine de gouvernement assez docile. Des mesures avaient été prises pour parer aux tentatives de résistance des Etats. Nous verrons l'assemblée unique scindée en deux corps, le clergé éliminé, la noblesse réduite à un seul délégué.

Ils conservèrent, toutefois, jusqu'à la fin, une assez grande activité; le catalogue des sessions que nous avons dressé en fait foi. Nous avons signalé, lorsque les documents nous les ont fait connaître, les lieux, les dates et les heures des sessions.

Qui avait le droit de convoquer les Etats et quelles étaient les formalités usitées pour les convocations ? A qui appartenait le choix des localités dans lesquelles devaient se tenir les assemblées ? Nous répondrons à ces questions.

Dans une série de chapitres, nous dirons quels étaient les membres des Etats. Nous consacrerons des études distinctes aux syndics généraux de la noblesse, aux représentants du tiers-état et aux commissaires délégués du vicomte, notant les divers incidents qui ont marqué leurs fonctions, indiquant les gages et les gratifications de toute nature que chacun d'eux recevait. Nous n'oublierons pas les officiers qui assistaient le vicomte ou son délégué, et les conseils qui accompagnaient les députés. Enfin, quand ce personnel sera connu, nous le suivrons dans la salle des Etats et nous le verrons entrer en séance.

CHAPITRE Ier.

ÉTATS DE LIMOUSIN ET ÉTATS DE QUERCY.

Division de la vicomté en pays de Limousin et pays de Quercy. — Motifs de cette division. — A l'origine il n'y a qu'une assemblée unique pour les deux pays. — Scission des Etats en deux assemblées, l'une de Limousin et l'autre de Quercy. — Faculté pour le vicomte de convoquer des assemblées plénières. — Assemblées générales de 1584 et 1642. — Projet d'une réunion générale vers 1663. — Les Etats de Quercy demandent la fusion des deux assemblées. — Etats généraux de la vicomté tenus à Argentat en 1703. — Il est résolu que les Etats ne formeront à l'avenir qu'un seul corps. — Réunions générales de 1707 et 1708. — Réunions séparées de 1722 et 1732. — Le vicomte concède aux Etats le droit de se réunir par province ou par corps.

La plus ancienne session des Etats dont nous avons le procès-verbal fut tenue à Meyssac le 9 février 1469. Nous n'y voyons figurer que des représentants de la partie limousine de la vicomté. Comprenant la difficulté qu'il pouvait y avoir à réunir fréquemment des Etats généraux, le roi de

France avait institué dans ses différentes provinces des assemblées locales, des Etats provinciaux, plus aptes à répartir équitablement les subsides entre les diverses paroisses dépendant de leur circonscription et à donner un avis éclairé sur les questions qui pouvaient les intéresser. Le vicomte de Turenne avait suivi cet exemple.

Sa vicomté s'étendait sur deux provinces distinctes, le Limousin et le Quercy. L'histoire, les traditions, le sol même de ces deux provinces diffèrent sous beaucoup de rapports. Leur administration politique et religieuse ne s'est jamais confondue. La partie limousine dépendait de l'ancien diocèse de Limoges, et, depuis l'érection du diocèse de Tulle, relevait, pour certaines paroisses, de cette nouvelle circonscription ecclésiastique. La partie quercinoise restait attachée au diocèse de Cahors. Les seigneurs, les dignitaires du clergé, les villes et les villages tenaient à conserver, même pour les choses temporelles, la la vieille division territoriale. Ils étaient peu disposés à solidariser les intérêts des deux portions de la vicomté.

Soucieux de ne pas froisser les sentiments de ses vassaux, le vicomte respecta cette division provinciale en scindant l'administration de sa vicomté. La partie limousine et la partie quercinoise eurent chacune leurs Etats séparés. Il y trouvait d'ailleurs un avantage incontestable.

Les réunions d'États ayant principalement pour objet de voter des subsides au vicomte, d'en opérer la répartition et d'en assurer la levée, ces deux dernières opérations étaient faites avec d'autant plus de soin et de régularité que la circonscription de chaque assemblée était moins étendue.

Mais s'il y avait, en 1469, des États de Limousin et des États de Quercy, cette organisation administrative ne datait que d'un temps relativement peu éloigné. Un Mémoire écrit vers 1663 nous apprend, en effet, qu'à l'origine de l'institution, il n'y avait pour toute la vicomté de Turenne qu'une seule assemblée d'États composée de tous les représentants du clergé, de la noblesse et du tiers (1). La division ne se produisit que plus tard. On voit par là que le système administratif de la vicomté était, pour ainsi dire, calqué sur celui du royaume et qu'il subissait les mêmes transformations que lui, suivant le temps et les circonstances. En autorisant la scission de ses États en deux assemblées, l'une pour le territoire limousin et l'autre pour le territoire quercinois de la vicomté, le vicomte de Turenne n'avait entendu faire à ses feudataires et à ses bonnes villes qu'une concession facultative, et avait conservé le droit de

---

(1) *Mémoire touchant la tenue des États de Turenne*, sans date (vers 1663), Arch. nat., R² 494; *Pièces justif.*, n° II.

réunir ensemble, quand bon lui semblerait, dans la même localité, tous les membres des Etats.

Il usa de ce droit le 11 décembre 1484, en tenant à Meyssac des assises où « tous les députés de la vicomté, tant du Limousin que Quercy, se trouvèrent (1). » Ces réunions plénières étaient tout à fait exceptionnelles. Nous n'en connaissons pas d'autres pendant la fin du xv° siècle et toute la durée du xvi° siècle. En 1642, les députés des deux parties de la vicomté fixèrent en commun la taille qui serait payée chaque année au vicomte (2).

L'occasion d'une nouvelle assemblée générale sembla se présenter lors de la majorité de Godefroy-Maurice de La Tour, vers 1663. Les Etats de Quercy, tenus à Saint-Céré en 1661, s'étant mis en guerre ouverte contre l'autorité du syndic général, M. de Tersac, avaient pris une délibération qui portait atteinte à l'autorité du jeune vicomte. Que faire pour réprimer cet acte d'insubordination ou, tout au moins, pour en prévenir le retour ? On conseilla au duc de Bouillon de convoquer des Etats généraux auxquels seraient appelés à prendre part les représentants effectifs des trois ordres (3). Mais la tradition des assemblées uniques

---

(1) Session tenue par M° Anne de La Tour. On lit en marge du sommaire de la session : « La présente assise servira pour monstrer que ledit seigneur tenoit les assises où et comme bon luy sembloit. » *Pièces justif.*, n° VIII.
(2) Arch. nat., R² 493, f° 48, et R² 494.
(3) *Mémoire touchant la tenue des Etats*: *Pièces justif.*, n° II.

s'était perdue, et, depuis longtemps, la noblesse et le clergé n'étaient plus représentés effectivement aux Etats de Limousin et de Quercy. C'était donc une révolution administrative qui était proposée. Le jeune vicomte n'osa se ranger à l'avis qui lui était donné; il laissa aller les choses comme par le passé, et les Etats se tinrent séparément en 1663 et les années suivantes, selon l'usage et sans aucun changement dans le mode de représentation.

Toutefois, les Etats du Quercy ne tardèrent pas à prendre l'initiative de la fusion. En 1682, ils émirent le vœu que les deux assemblées fussent réunies en un seul corps. Le vicomte avait agréé tout d'abord cette proposition et avisé les communautés du Limousin qu'à partir de 1703 les Etats de la vicomté délibéreraient en commun. Mais à l'approche de la date fixée, il renonça à ce projet et envoya même ses mandements pour les convocations séparées et successives, en juin 1703, des Etats des deux pays. La communauté de Servières protesta, disant qu'elle ne participerait qu'à une assemblée plénière, et refusant de se faire représenter à la réunion annoncée des Etats du Limousin. Le 21 juin, M. de la Serre, sénéchal de Turenne, informa de cet incident M. Renaudin, secrétaire du duc d'Albret, l'engagea à faire revenir le duc sur sa dernière décision, à convoquer une assemblée générale et à venir la présider (1). Ce conseil fut écouté. Le vicomte de Turenne contremanda les deux réunions et annonça que les Etats tiendraient une assemblée générale dans la ville d'Argentat le 20 juillet 1703. Cette fois, la détermination était définitive et les choses paraissaient réglées pour l'avenir.

Tous les délégués des communautés du Limousin et du Quercy se rendent, en effet, à Argentat, et les assises ont lieu au jour indiqué. Non seulement il ne s'élève aucune contestation relativement à la réunion des Etats des deux parties de la vicomté, mais les députés décident « soubz le bon plaisir de Son Altesse et du consentement de mondit sieur Favre, commissaire (2) », le vicomte n'étant pas venu en personne présider l'assemblée, « que les Estats de la vicomté desd. païs de Limosin et de Quercy se tiendront à l'advenir et à perpétuité conjointement et ne fairont qu'un corps (3). »

Ils se réunirent en pleine assemblée au cours des années 1707 et 1708 (4) et délibérèrent en commun. Cette entente ne devait pas durer longtemps. Le 14 juillet 1722, les Etats généraux étaient convoqués à Turenne ; après avoir pris

---

(1) Arch. nat., R² 494.
(2) Intendant de la maison du vicomte, Favre avait été délégué pour présider les Etats de 1703.
(3) *Etats du 20 juillet 1703* ; Arch. nat., R² 494 ; *Pièces justif.*, n° XXX.
(4) *Pièces justif.*, n°ˢ XXXII et XXXIII.

séance et entendu les discours du vicomte et de son sénéchal, les députés se séparèrent par province (1). C'était un retour aux anciens errements. Aussi voyons-nous, en 1732, les Etats de Quercy se réunir séparément au château de Turenne (2).

A partir de cette date, le vicomte paraît avoir laissé aux Etats la faculté de s'assembler par province ou en corps, suivant qu'ils le jugeraient à propos. En 1738, après avoir délibéré séparément, ils avaient résolu de se réunir à Beaulieu le 28 février; mais, par suite d'un malentendu, l'assemblée générale ne put avoir lieu (3). Les sessions particulières de cette année furent les dernières. Quelques mois après, la vicomté de Turenne était unie à la couronne.

---

(1) *Pièces justif.*, n° XXXIV.
(2) Mandement aux consuls de Saint-Céré, du 30 mai 1734; *Pièces justif.*, n° XXXV.
(3) Copie des Lettres escrites de Beaulieu à Messieurs nos députés, le 24° février 1738; *Pièces justif.*, n° XXXVI.

CHAPITRE II.

CATALOGUE DES SESSIONS.

Sessions de Limousin. — Sessions de Quercy. — Sessions générales. — Tableaux chronologiques des sessions. — Les locaux des réunions à Turenne, à Meyssac, à Beaulieu, à Argentat, à Martel, à Saint-Céré et à Gagnac. — Epoque annuelle de la convocation. — Réunions multiples dans la même année. — Etats ordinaires et Etats extraordinaires. — Durée des sessions. — Heure des séances.

De 1469 à 1738, nous avons relevé soixante-dix-neuf sessions particulières des Etats de la vicomté pour le Limousin, quarante-huit pour le Quercy, et neuf assemblées générales. La liste que nous en donnons n'est pas complète. Il y manque d'abord les sessions générales et particulières qui se sont tenues depuis l'origine jusqu'en 1469; on sait déjà que, pour cette première période, nous n'avons trouvé que des indications peu précises et que les procès-verbaux des séances n'ont pas été conservés.

Pour les Etats du Limousin, notre énumération ne présente guère de lacunes entre 1469 et 1496. Toutes les années, en effet, sauf 1474, 1482 et 1483, sont marquées au moins par une session. Il est probable que les Etats n'ont pas été convoqués au cours de ces trois années ; nous verrons qu'il en était quelquefois ainsi lorsque le vicomte était absent, retenu à la cour ou empêché par des faits de guerre.

Pendant une période de vingt ans, de 1497 à 1517, nous n'avons découvert aucune mention des assemblées qui ont pu se tenir dans la vicomté.

En 1517, les Etats du Limousin siègent à Servières, et leurs sessions reviennent chaque année, sans interruption jusqu'en 1525. Nous constatons une nouvelle lacune entre 1525 et 1576. Nous avons les cahiers de 1576 à 1579. Entre cette dernière date et 1633, nous ne connaissons que deux réunions. De 1633 à 1696, les Etats de la partie limousine de la vicomté se sont assemblés assez régulièrement. Nous avons relevé, dans cet intervalle de soixante-trois ans, vingt-cinq sessions, et nous savons qu'à différentes reprises, notamment en 1635 et 1636, entre 1643 et 1650 (1), et

---

(1) **Voy.** le cahier des Etats du 18 mai 1650; *Pièces justif.*, n° XXIII.

après 1666 (1), le vicomte s'est dispensé de convoquer les députés, se contentant de recouvrer les impôts sur les bases établies par les délibérations antérieures.

Pour la partie quercinoise de la vicomté, nos recherches ont été moins fructueuses. La première session connue est de 1482. Nous en avons à chaque année suivante, jusqu'en 1494, sauf en 1483, 1486 et 1493. De 1494 à 1611, pendant plus d'un siècle, nous ne connaissons que trois assemblées, la première tenue à Martel en 1579, la deuxième à Saint-Céré en 1597, et la troisième en 1606 dans une localité dont le nom n'est pas indiqué. Enfin, entre 1611 et 1696, nous constatons de nombreuses lacunes, notamment pour les périodes de 1617 à 1624, de 1624 à 1633 et de 1666 à 1676. Notre catalogue des sessions limousines s'arrête à 1696; pour le Quercy, nous trouvons encore, après cette date, les sessions particulières, de 1700 et de 1732.

Les assemblées générales, suspendues dès le xve siècle, ne reparaissent, avec quelque régularité, qu'au xviiie.

Voici, en trois tableaux chronologiques, l'indication des localités où se sont assemblés les Etats de la vicomté de Turenne :

---

(1) Les Etats de 1666, estimant que de trop fréquentes sessions sont inutiles, décident que dorénavant les mandes seront envoyées sur les règlements précédemment faits, et que les Etats ne seront convoqués qu'en cas de nécessité.

ETATS LIMOUSINS.

DATES	LIEUX DES RÉUNIONS	OBSERVATIONS
9 février 1469	Meyssac	Présidence de Anne de La Tour, vicomte. (Rôle des Assises, *Pièces just.*, n° VIII.)
9 février 1469	Turenne	id.
22 janv. 1470	Brive	(Rôle des Assises.)
26 févr. 1471	Beaulieu	Présidence du vicomte. (Rôle des Assises.)
8 mars 1472	Beaulieu	id.
10 févr. 1473	Meyssac	id.
13 févr. 1475	Beaulieu	Présidence d'un délégué du vicomte. (Rôle des Assises.)
13 nov. 1475	Meyssac	Présidence du vicomte. (Rôle des Assises.)
3 janvier 1476	Beaulieu	id.
27 févr. 1477 (1)	Meyssac	Présidence d'Antoine de Salagnac, lieutenant du vicomte. (Rôle des Assises.)
29 sept. 1477	Turenne	id.
24 août 1478	Meyssac	id.
27 févr. 1479	Beaulieu	Présidence d'un délégué du vicomte. (Rôle des Assises.)
8 février 1480	Meyssac	id.
5 mars 1480	Meyssac	Présidence d'un délégué du vicomte. (Rôle des Assises.)
3 août 1480	Meyssac	id.
9 décem. 1480	Meyssac	id.
23 févr. 1481	Meyssac	id.
23 octob. 1481	Beaulieu	Présidence du vicomte Anne de La Tour. (Rôle des Assises.)
3 juin 1484	Beaulieu	Présidence d'un délégué du vicomte. (Rôle des Assises.)
11 nov. 1484	Meyssac	id.
13 févr. 1485	Meyssac	id.
22 avril 1485	Turenne	Présidence du vicomte Anne de La Tour. (Rôle des Assises.)
3 janvier 1486	Beaulieu	Présidence d'un délégué du vicomte. (Rôle des Assises et cahier de 1486; *Pièces just.*, n° VII.)

(1) Sur le *Rôle des Assises*, cette session est enregistrée après celle du 10 décembre 1489; on peut croire que la date de 1477 est erronée et que la session a eu lieu en réalité le 27 février 1490.

DATES	LIEUX DES RÉUNIONS	OBSERVATIONS
5 août 1486	Meyssac	Présidence de Mondon de Comers, conseiller délégué du vicomte. (Rôle des Assises.)
21 déc. 1487	Beaulieu	Présidence de François de La Tour, fils du vicomte. (Rôle des Assises.)
12 déc. 1488	Collonges	id.
10 déc. 1489	Meyssac	Présidence d'un délégué du vicomte. (Rôle des assises.)
6 décem. 1490	Meyssac	Présidence de François de La Tour. (Rôle des Assises.)
4 octob. 1491	Beaulieu	Présidence du vicomte Anne de La Tour. (Rôle des Assises.)
3 avril 1492	Beaulieu	Présidence d'un délégué du vicomte. (Rôle des Assises.)
26 nov. 1492	Meyssac	Présidence de Gilles de La Tour. (Rôle des Assises.)
16 nov. 1493	Turenne	Présidence d'Antoine de La Tour. (Rôle des Assises.)
6 nov. 1494	Beaulieu	Présidence du vicomte Antoine de La Tour. (Rôle des Assises.)
30 déc. 1494	Beaulieu	id.
22 sept. 1495	Beaulieu	id.
5 avril 1496	Meyssac	Présidence d'un délégué du vicomte. (Rôle des Assises.)
13 octob. 1517	Servières	Présidence d'Antoine de La Tour, au nom de son fils François. (Rôle des Assises.)
23 nov. 1518	Argentat	id.
24 nov. 1519	Turenne	Présidence du vicomte François de La Tour. (Rôle des Assises).
24 sep. 1520 (1)	Argentat	Présidence d'Antoine de La Tour, pour son fils François. (Rôle des Assises.)
1er déc. 1520	Collonges	Présidence de Franccis de La Tour. (Rôle des Assises.)
11 sept. 1522	Argentat	Présidence d'Antoine de La Tour, pour son fils François. (Rôle des Assises.)

(1) Peut-être y a-t-il ici une erreur de date; la session étant enregistrée sur le *Rôle des Assises* après celle du 1er décembre 1520 a pu n'être tenue que le 24 septembre 1521; le document ne mentionne pas de session en 1521.

DATES	LIEUX DES RÉUNIONS	OBSERVATIONS
12 janv. 1523	Argentat	Présidence d'Antoine de LaTour, pour son fils François. (Rôle des Assises.)
3 août 1523	Servières	id.
27 octob. 1524	Beaulieu	id.
23 août 1525	Beaulieu	Présidence du vicomte François de La Tour. (Rôle des Assises.)
6 nov. 1525	Turenne	Le *Rôle des Assises* mentionne en outre une assemblée tenue à Turenne le 26 février et une autre tenue à Beaulieu le 28 mars 1525; mais il semble qu'il ne s'agissait, dans ces réunions, que de la répartition de la taille précédemment votée et que tous les membres des Etats n'y étaient pas représentés.
30 août 1576	Meyssac	Présidence de Mre Chabrignac de Romaury, syndic général de la vicomté. (Cahier de 1576, *Pièces just.*, n° IX.
6 nov. 1577	Turenne	(*Pièces justif.*, n° X.)
26 août 1578	Turenne	Présidence de Mre Chabrignac de Romaury. (*Pièces justif.*, n° XI.)
29 déc. 1579	Beaulieu	Présidence de Geoffroy du Saillant assisté de Chabrignac de Romaury. Les Etats ordinaires et extraordinaires furent tenus le même jour. (*Pièces justif.*, n° XIII.)
10 mai 1608	Argentat	(Cahier de 1608, *Pièces justif.*, n° XIV.)
21 mai 1618	Argentat	(Arch. nat., R² 494.)
4 juin 1633	Argentat	Présidence de Gédéon de Vassinhac, gouverneur de la vicomté. (Arch. nat., R₂ 493, *Copie du registre des Etats de Querey, commansant l'an 1633, reçeu par Girbaud, avec les caiers des États du Limosin, depuis ladicte année 1633 jusques en l'année 1696*, f°s 245 et 247.) Etats ordinaires et extraordinaires.

DATES	LIEUX DES RÉUNIONS	OBSERVATIONS
19 juin 1634	Turenne	Présidence de Gédéon de Vassinhac, gouverneur de la vicomté, délégué du vicomte. Etats ordinaires et extraordinaires. (*Pièces justif.*, n°⁸ XVI et XVII ; Arch. nat., R₂ 493, *Copie du registre des Estats*, f°⁸ 252 et 255.)
22 juin 1635	Beaulieu	Présidence de Gédéon de Vassinhac. (Arch. nat., R² 493, f°⁸ 260 et 263.) Etats ordinaires et extraordinaires.
24 juin 1636	Argentat	Présidence de Gédéon de Vassinhac. (*Ibid.*, f°⁸ 272 et 275.) Etats ordinaires et extraordinaires.
22 juin 1637	Turenne	(*Ibid.*, f° 282.) Etats ordinaires.
13 juillet 1638	Beaulieu	(*Ibid.*, f° 290 et R² 494). Etats ordinaires.
10 mars 1639	Turenne	Présidence de Gédéon de Vassinhac. (Arch. nat., R² 493, f° 297.) Etats ordinaires.
17 mars 1639	Turenne	Présidence de Gédéon de Vassinhac. (Arch. nat., R² 493, f° 299.) Etats extraordinaires.
12 juin 1640	Argentat	Présidence de Gédéon de Vassinhac. (*Ibid.*, f° 303.) Etats ordinaires.
5 mars 1642	Beaulieu	Présidence du vicomte Frédéric-Maurice de La Tour. (*Ibid.*, f° 309.) Etats extraordinaires.
1ᵉʳ sept. 1643	Argentat	Présidence du vicomte. (Arch. nat., R₂ 494.)
8 juin 1647	Meyssac	Présidence de François de Clavières, juge sénéchal de la vicomté. Simple répartition des tailles sur les bases posées dans la réunion de 1643. Il résulte du procès-verbal de répartition que les Etats ne se sont pas réunis depuis 1643. En 1648 et 1649, la répartition fut faite par le procureur général du domaine et le sénéchal, sans le concours des Etats. (Arch. nat., R² 493, f° 332 ; *Pièces justif.*, n° XXII.)

DATES	LIEUX DES RÉUNIONS	OBSERVATIONS
18 mai 1650	Turenne	Présidence du vicomte Frédéric-Maurice de La Tour. (*Ibid.*, f° 337; *Pièces justif.*, n° XXIII.)
2 mars 1655	Beaulieu	(Arch. nat., R² 494.)
6 juin 1657	Argentat	(*Ibid.*, et R² 493, f° 346.)
18 mars 1658	Turenne	(*Ibid.*, et R² 493, f° 350.)
11 juillet 1661	Beaulieu	(*Ibid.*, et *ibid.*, f° 354.)
19 déc. 1666	Turenne	(*Ibid.*, et *ibid.*, f° 358.)
16 mars 1676	Turenne	Présidence du gouverneur de la vicomté. (Arch. nat., R² 493, f° 364.)
13 juin 1678	Turenne	Présidence de dame Marianne de Mancini, épouse de Mgr Godefroy-Maurice de La Tour. (*Ibid.*, f° 372.)
4 déc. 1682	Turenne	(Arch. nat., R² 494 et R² 493, f° 377.)
16 octo. 1686	Turenne	Présidence de Jean Guyon de Plas, marquis dudit lieu, gouverneur de la vicomté. (Arch. nat., R² 493, f° 383.)
16 nov. 1690	Turenne	Présidence de Jean de Barat, écuyer, sieur de Condamines, gentilhomme ordinaire de la chambre du roi, gouverneur de la vicomté. (Arch. nat., *ibid.*, f°s 394 et 397.) Deux sessions ont été tenues en cette année.
14 octo. 1694	Turenne	Présidence de Jean de Barat. (*Ibid.*, f° 401.)
24 fév. 1695	Turenne	Présidence de Jean de Barrat, gouverneur de la vicomté, délégué du vicomte. (*Pièces justif.*, n° XXIX.)
30 mai 1696	Turenne	Présidence du vicomte Emmanuel-Théodoze de La Tour. (Arch. nat., U 978 et R² 493, f° 410.)

ÉTATS DE QUERCY.

DATES	LIEUX DES RÉUNIONS	OBSERVATIONS
26 fév. 1482	Hôpital-Saint-Jean	Présidence d'un délégué du vicomte. (Rôle des Assises; *Pièces justif.*, n° VIII.)
8 juin 1484	Martel	id.

DATES	LIEUX DES RÉUNIONS	OBSERVATIONS
1484	Martel	Présidence d'un délégué du vicomte. (Rôle des Assises; *Pièces justif.*, n° VIII.)
3 mars 1485	Martel	id.
11 octo. 1487	Hôpital-Saint-Jean	Présidence de Moudon de Comers. (Rôle des Assises.)
10 avril 1488	Martel	Présidence de François de La Tour pour le vicomte Anne de La Tour, son père. (Rôle des Assises).
15 octo. 1488	Hôpital-Saint-Jean	id.
15 octo. 1489	Hôpital-Saint-Jean	Présidence d'un délégué du vicomte. (Rôle des Assises).
9 octob. 1490	Hôpital-Saint-Jean	Présidence du vicomte. (Rôle des Assises).
28 mai 1491	Martel	Présidence d'un délégué du vicomte. (Rôle des Assises.)
4 octob. 1491	Hôpital-Saint-Jean	Présidence d'Anne de La Tour. (Rôle des Assises).
29 nov. 1492	Hôpital-Saint-Jean	Présidence de Gilles de La Tour. (Rôle des Assises).
16 nov. 1494	Saint-Céré	Présidence d'Antoine de La Tour. (Rôle des Assises)
11 mars 1579	Martel	(Arch. nat., R² 494; *Pièces justif.*, n° XII).
1597	Saint-Céré	Présidence du vicomte. Session mentionnée dans les remontrances des Etats de 1623 (document de la collection de M. Champeval).
1606	....	Session mentionnée dans le cahier de 1643.
26 mai 1611	Martel	(Arch. nat., R² 494, n° 42).
22 mai 1614	Martel	(*Ibid.*, n° 45).
24 mai 1617	Martel	(*Ibid.*, n° 45).
5 août 1624	Saint-Céré	(Document de la collection de M. Champeval). De 1620 à 1624 il n'avait pas été tenu de session régulière.
7 juin 1633	Gagnac	(Arch. nat., R² 493, f° 1).
22 juin 1634	Martel	Présidence de Mʳᵉ de Vassinhac. (*Pièces justif.*, n° XVIII).
3 sept. 1637	Saint-Céré	Présidence de Mʳᵉ de Vassinhac, gouverneur de la vicomté. (*Pièces justif.*, n° XIX).

DATES	LIEUX DES RÉUNIONS	OBSERVATIONS
29 août 1638	Martel	(Arch. nat., R² 493, f° 14.)
22 mars 1639	Saint-Céré	(Ibid., f⁰⁸ 25 et 35.)
9 août 1639	Martel	(Ibid.)
16 juin 1640	Saint-Céré	Présidence de M^{re} D'Ailly de Vassinhac. (Ibid., f° 42).
11 mars 1642	Saint-Céré	(Ibid., f° 48.
11 sept. 1643	Martel	Présidence du vicomte. (Pièces justif., n° XX.) Il paraît résulter du Répertoire de la liasse R₂ 493 des Arch. nat., que les tailles ordinaires ont été réparties de 1643 à 1650 sur les bases posées dans les sessions antérieures.
6 juin 1647	Martel	(Arch. nat., R² 493, f° 93).
2 juin 1649	L'hôpital-Saint-Jean	Présidence de Jean Frédit de Tersac. (Ibid., f° 105).
18 mai 1650	Turenne	Présidence de Frédéric-Maurice de La Tour. (Ibid., f° 108).
1652	Bétaille	Cette session fut irrégulièrement tenue en l'absence de M. de Tersac; les délibérations prises furent annulées.
7 mai 1655	Saint-Céré	(Arch. nat., R² 494; Pièces justif., n° XXIV). De 1655 à 1658, le Répertoire ne mentionne que des répartitions faites sans le concours des Etats.
30 mars 1658	Gagnac	(Ibid. et R₂ 493, f° 155). Il semble n'y avoir eu que des répartitions en 1659 et 1660.
28 août 1661	Saint-Céré	(Ibid., et R² 493, f° 168; Pièces justif., n° XXV). En 1662, il n'est fait mention que d'une répartition.
18 juil. 1663	Martel	(Ibid., et ibid., f° 191; Pièces justif., n° XXVI).
24 déc. 1666	Turenne	Présidence du vicomte. (Arch. nat., R₂ 493, f° 199).
22 mars 1676	L'Hôpital-Saint-Jean	Présidence de D'Ailly de Vassinhac. (Ibid., f° 203; Pièces justif., n° XXVII). Session mentionnée dans les cahiers de 1694 et 1703.

DATES	LIEUX DES RÉUNIONS	OBSERVATIONS
14 juin 1678	Turenne	Présidence de dame Marianne de Mancini, épouse de Godefroy-Maurice de La Tour. Etats extraordinaires. (Arch. nat., R² 493, f° 210).
4 déc. 1682	Turenne	(Ibid., f° 213).
20 octo. 1686	Bétaille	Présidence du vicomte (Ibid. f°220).
9 nov. 1690	Bétaille	Présidence de Jean de Barat. (Ibid., f° 223).
11, 12 et 13 octobre 1694	Hôpital-Saint-Jean	Présidence de Jean de Barat. (Pièces justif., n° XXVIII).
21, 22 et 23 février 1695	Hôpital-Saint-Jean	Présidence de Jean de Barat. (Pièces justif., n° XXVIII).
30 mai 1696	Turenne	Présidence du vicomte Emmanuel-Théodoze de La Tour. (Arch. nat., R² 493, f° 233).
22 nov. 1700	Saint-Céré	
14 juil. 1732	Turenne	(Pièces justif., n° XXXV).

ÉTATS RÉUNIS DE LIMOUSIN ET DE QUERCY.

DATES	LIEUX DES RÉUNIONS	OBSERVATIONS
11 déc. 1484	Meyssac	Présidence du vicomte Anne de La Tour. (Rôle des Assises). (Arch. nat., R² 493 f° 48 et R² 494).
(avant le 5 mars) 1642		
20 juil. 1703	Argentat	Présidence de Favre, intendant du vicomte. (Pièces justif., n° XXX).
25 janv. 1707	Turenne	
22 nov. 1707	Saint-Céré	(Pièces justif., n° XXXII; Bombal, Hist. d'Argentat, p. 101).
4 févr. 1708	Beaulieu	(Pièces justif., n° XXXIII; Bombal, Hist. d'Argentat, p. 103).
14 juil. 1722	Turenne	Présidence du vicomte Emmanuel-Théodoze de La Tour. (Pièces justif., n° XXXIV).
10 mars 1733	Bétaille	(Bombal, Hist. de la ville d'Argentat, p. 100).
23 févr. 1738	Beaulieu	Dans cette assemblée aucune résolution ne fut prise et il ne fut pas rédigé de cahier, l'entente n'ayant pu se faire entre les députés. (Pièces justif., n° XXXVI).

Les procès-verbaux nous font connaître quelquefois le local choisi pour la réunion.

A Turenne, les Etats ont tenu leurs séances : dans le château en 1493, 1519, 1661, 1666, 1677, 1678, 1682, 1686, 1690, 1694, 1695, 1696 et 1732 ; dans la maison des héritiers de M⁰ Etienne Féric, avocat, en 1634 ; dans la maison dite le Grenier, appartenant au vicomte, en 1637 et 1650 ; dans la maison de feu Antoine Russac « sise au bary de ladite ville », le 10 mars 1639, et dans l'auditoire et le parquet du juge sénéchal, le 17 mars de la même année ; dans la maison de Jean Courèze, en 1658 ; dans la salle des Etats du château, en 1707 et 1722.

A Meyssac, dans l'hôtel de Jean des Tirmes, en 1469.

A Beaulieu, dans l'hôtel de Jean d'Ambac, en 1486 ; dans la maison de Pierre Grèze, avocat et procureur général du domaine de la vicomté, en en 1635 et 1638 ; dans la maison du sieur Floret « sise au faubourg de ladite ville », en 1642.

A Argentat, dans la maison de M⁰ Martin Testut del Go, avocat, en 1633 ; dans celle de noble de La Vigeirie, en 1636 et 1640 ; dans celle du sieur de Puylagarde, en 1643 et 1657.

A Martel, dans la maison du sieur de L'Albertie de Brianci, en 1643 ; dans le grand hôtel noble de La Reymondie, en 1647 ; dans la maison de Pierre Chèze, en 1663.

A Saint-Céré, dans la maison de Jean D'Auzier, avocat et juge, en 1655 ; dans celle de François Puymule du Teil, en 1661.

A Gagnac, dans la maison de Daumareix, en 1658.

Il semble qu'à l'origine les Etats aient été convoqués de préférence au commencement de l'année, en janvier, février ou mars. Le budget de la vicomté était ainsi établi et mis en recouvrement au cours même de chaque exercice. Le premier pacte de l'imposition échéant à la Saint-Jean, il fallait, avant cette date, rendre les rôles « exécutoriables, leur donner authorité d'acte public,... expédier les mandes de la part de son Altesse et de sesdits Etats (1). »

Cet usage ne fut pas longtemps suivi. Des besoins nouveaux se produisaient assez souvent dans le courant de l'année, après les opérations des Etats ; le vicomte faisait des appels de fonds, demandait des suppléments d'allocation ; des affaires urgentes et imprévues surgissaient. On convoquait en ce cas une seconde réunion. Nous en avons compté jusqu'à quatre en 1480 et trois en 1484. Pendant la fin du xve et tout le xvie siècle, les assemblées eurent lieu, presque toujours, dans la seconde moitié de l'année.

---

(1) Etats du 1er septembre 1643, tenus à Argentat. (Arch. nat., R² 494.)

Pour éviter tout retard dans le recouvrement des impositions, les Etats de 1643 (Limousin) avaient résolu qu'à l'avenir, si la session n'était pas tenue avant le 1er juin, ou même s'il n'y avait pas de session dans l'année, le sénéchal ferait la répartition de la taille ordinaire sur les bases précédemment arrêtées, enverrait lui-même les mandes et remettrait au greffier la copie de la répartition.

A partir de 1579, le vicomte soumit assez souvent le budget ordinaire et le budget extraordinaire à deux délibérations séparées des Etats. Ces délibérations étaient prises, la plupart du temps, le même jour, mais consignées en deux cahiers distincts, qui étaient désignés sous les noms de Cahiers des Etats ordinaires et Cahiers des Etats extraordinaires. Il s'écoulait quelquefois un ou plusieurs jours, rarement plus d'une semaine, entre la session ordinaire et la session extraordinaire (1).

Généralement, les sessions ne duraient qu'un jour. En 1469, les Etats du Limousin tinrent deux séances dans la même journée, la première à Meyssac et la seconde à Turenne. La session de 1578, à Turenne, dura deux jours. Celles de 1694 et de 1695, à l'Hôpital-Saint-Jean, durèrent trois

---

(1) Elles eurent lieu les 2 et 4 juin 1636 à Argentat, les 10 et 17 mars 1639 à Turenne.

jours. En 1722, à Turenne, les Etats restèrent en séance du 14 au 23 juillet.

L'heure des réunions n'est indiquée que dans quatre cahiers : les assemblées du 18 mars 1658, à Turenne ; du 24 décembre 1666, dans la même localité, et du 22 novembre 1707, à Saint-Céré, furent tenues avant midi. Celle du 12 juin 1640, à Argentat, fut tenue après-midi.

CHAPITRE III.

DU DROIT DE CONVOCATION.

Ce droit appartient au vicomte. — Ses mandements. — Il peut déléguer ce droit. — Ses fondés de pouvoir. — Réunion factieuse à Bétaille. — Les Etats promettent de ne plus s'assembler sans ordre. — Avis de la convocation donnés par le vicomte aux consuls et aux syndics généraux. — Les Etats obtiennent en 1708 le droit de s'assembler sans autorisation préalable. — Restriction de cette autorisation. — Le vicomte seul a le droit de désigner les localités où doivent se tenir les sessions. — En fait, depuis 1634, les Etats fixent eux-mêmes le lieu de leur prochaine réunion. — En 1703, un roulement est établi entre les localités du Limousin et celles du Quercy.

Le droit de convoquer les Etats appartenait exclusivement au vicomte (1). Alors même que, dans une précédente session, les députés eussent fixé le lieu de leur prochaine assemblée, ils n'en

---

(1) *Pièces justif.*, n° III.

devaient pas moins attendre un ordre du vicomte, indiquant le jour de la réunion.

Cet ordre était envoyé aux membres des Etats sous forme de mandement signé par le vicomte, lorsqu'il était présent, et contresigné par l'un de ses officiers.

En cas d'absence, le vicomte de Turenne donnait au gouverneur de la vicomté ou à son intendant une commission spéciale (1). Les mandements étaient alors signés et envoyés par le commissaire délégué. C'est de cette façon que les Etats furent convoqués en 1661 par Gédéon de Vassinhac, écuyer, gouverneur de la vicomté (2); en 1694 et 1695 par Jean de Barat, écuyer, seigneur de la Condamine, gouverneur de la vicomté; en 1703, par Favre « intendant des maisons et affaires de son Altesse et son commissaire député », et, à une date que nous n'avons pu préciser, par M. de Puymège.

Si le vicomte devait rester pendant longtemps éloigné de sa vicomté, il en déléguait l'administration à l'un des membres de sa famille, qui donnait les ordres de convocation. Les assises furent ordonnées en 1487 et 1488 « par Mre François de La Tour, pour M. le vicomte, son père »; en 1492, par Gilles de La Tour, pour son frère Anne; de

---

(1) *Pièces justif.*, n° III.
(2) Voir, dans le cahier des Etats de 1661, la commission que reçut à cet effet Gédéon de Vassinhac; *Pièces justif.*, n° XXV.

1517 à 1524, par Antoine de La Tour, au nom de François, son fils ; en 1634, par Elizabeth de Nassau, duchesse douairière de Bouillon, pour son fils. Cette dernière chargea le gouverneur de la vicomté, Gédéon de Vassinhac, de lancer les mandements.

Lorsque les Etats n'étaient pas réunis par le vicomte en personne, le commissaire délégué, qui avait fait les convocations, devait tout d'abord justifier de ses pouvoirs. Au début de la séance, il donnait lecture de sa commission.

Les membres des Etats prenaient quelquefois l'initiative d'une réunion ; ils écrivaient, en ce cas, au vicomte, lui soumettaient les motifs qui les déterminaient à s'assembler, et sollicitaient son autorisation (1). Mais ils ne pouvaient, sans son

---

(1) En février 1653, les députés de la vicomté avaient sollicité cette autorisation. Leur requête n'a pas été conservée, mais elle est mentionnée dans la lettre suivante qu'ils adressaient au duc d'Evreux :

« Monseigneur,

» Les bontés dont votre altesse a toujours honoré ce païs à l'exemple de ses augustes prédécesseurs et le zèle que ses habitans leur ont témoigné dans les occasions, nous inspirent la liberté de nous adresser à Elle avec confiance. Nous sommes tous, Monseigneur, infiniment sensibles à l'honneur de la puissante protection que votre altesse a bien voulu nous accorder dans différentes conjonctures ; et nous sommes vivement pénétrés des derniers effets que nous venons d'en ressentir. Nous vous supplions très humblement, Monseigneur, de vouloir bien nous la continuer. Nous savons, Monseigneur, qu'il n'y a point de terre capable de donner du lustre à une maison telle que la vôtre ; mais le nom de Turenne a esté si illustré par nos princes, et ils l'ont porté à un si haut point de gloire, que nous nous flatons qu'ils le conserveront toujours avec les mêmes sentimens d'affection et de bienveillance.

» Nous prenons aussi la liberté d'écrire par ce courrier à S. A. Mgr

consentement, tenir une session. En 1683, les députés du Quercy, étant en lutte avec leur syndic général, se réunirent à Bétaille en son absence et sans y être autorisés par le vicomte ; leur délibération fut cassée ; le 22 décembre 1684, ils firent amende honorable et promirent de ne plus s'assembler sans ordre.

Par mesure de déférence, peut-être aussi pour éviter les surprises et certifier lui-même l'authenticité des commissions qu'il donnait aux officiers chargés de le suppléer, le vicomte prenait quelquefois le soin d'annoncer à l'avance aux consuls la prochaine convocation. Voici la formule d'une de ses lettres d'avis :

« A nos chers et bien amés les Consuls de notre ville d'Argentat.

» Chers et bien amés, envoyant à M. de Puymège notre commission pour convoquer et tenir

---

le duc de Bouillon pour lui donner des assurances des mêmes sentimens de zèle, de soumission et de reconnoissance, et nous le supplions de vouloir bien nous permettre une assemblée d'Etats, ou nous sommes déterminés, Monseigneur, à lui prouver que nous ferons toujours au dela de nos forces pour mériter l'honneur de sa protection. Nous avons aussi résolu, sous son bon plaisir, de nommer dans cette assemblée des députés pour lui porter nos hommages respectueux, et pour implorer la continuation de ses bontés pour des sujets qui se feront toujours une gloire comme un devoir de lui être entièrement soumis. Nous ozons, Monseigneur, espérer de la générosité de V. A. la grâce de faire agréer à notre prince les démarches que nous faisons pour lui faire connoître nos vrais sentimens et que nous soutiendrons avec une entière sincérité et une fidélité inviolable. » (Document de la collection de M. J.-B. Champeval.) La lettre n'est pas datée, mais nous savons que le duc de Bouillon était à Evreux le 11 février 1653.

les Etats de notre vicomté de Turenne, la présente année, nous avons bien voulu vous en donner avis, afin que vous ayez à vous trouver pour cet effet au jour et lieu qui sera par luy mandé, pour que, sur ce qu'il vous proposera pour nos affaires, vous continuiéz à nous faire connoistre les effets de la bonne volonté que nous nous promettons de votre affection, comme vous pouvez estre persuadés de la nôtre pour vos interrests, surquoy nous prions Dieu, chers et bien amés, qu'il vous ayt en sa sainte garde. Ecrit à …

» Le duc de Bouillon.

» Par son Altesse, signé : FALCONNET DE SAINT-GERVAIS (1). »

Il avisait en même temps les consuls généraux de la noblesse, les invitait à se trouver à la réunion et demandait en ces termes leur bon concours :

« Monsieur,

» Ayant intention de convoquer et faire tenir les Etats de notre vicomté de Turenne, nous aurions fait expédier nos lettres de commission à ce sujet pour nos chers et amés les consuls des villes qui y ont entrée, et à notre cher et amé le sindic général de la chatellenie de Servières, et comme vous représentez la noblesse du Quercy, nous vous fai-

---

(1) Arch. nationales. R² 494.

sons la présente pour vous donner avis de notre résolution et pour vous prier de vous trouver ausdits Etats, dans le lieu et le jour qui vous seront fixés par M. de Puymège ; nous esperons que vous nous y donnerez des preuves de votre bonne affection sur ce qui vous sera proposé pour le bien de nos affaires, comme vous devez estre persuadé de la nôtre pour ce qui vous regarde et que nous sommes, Monsieur, votre tres affectionné serviteur.

» Signé : Le duc DE BOUILLON (1). »

En 1708, le duc de Bouillon donna aux membres des Etats le droit de s'assembler sans son autorisation. Mais cette concession était limitée ainsi qu'on en peut juger par ses termes : « Nous, souverain duc de Bouillon, viconte de Turenne, permettons à Messieurs des Estas de notre vicomté de Turenne de s'assembler toutes et quantes fois qu'ilz jugeront à propos, soit pour nommer et deputer un sindicq pour agir en leur nom en consequence et execution de l'acte qu'ils ont passé dans la ville de Saint-Céré le vingt deusieme novembre dernier soit pour prendre de nouvelles résolutions au subjet des oppositions formées par quelques particuliers de quelques paroisses dud. viconté à l'exécution du cayer des Estas de l'année mille sept cens trois et du proces intanté pour raison de

---

(1) Arch. nationales, R² 494.

ce, sans que la presente permission puisse être tirée à consequence pour d'autres affaires. Fait à Paris, le quatorze janvier mille sept cens huit. Signé : le duc de Bouillon (1). » Il s'agissait de pourvoir à l'exécution d'une délibération antérieure et de suivre un procès. En dehors de cette affaire déterminée, les Etats rentraient dans le droit commun, ne pouvaient s'assembler que du consentement du vicomte. Ils n'usèrent qu'une seule fois, le 4 février 1708, de l'autorisation qui leur avait été donnée.

En principe, le vicomte seul avait le droit de désigner la localité où devaient s'assembler les Etats. Il n'y avait pas de roulement établi. Aussi, pour les Etats de Limousin, dans la période de 1469 à 1496, voyons-nous 17 réunions à Meyssac, 14 à Beaulieu, 4 à Turenne, 1 à Brive et 1 à Collonges. Dans la période suivante, nous relevons, pour les mêmes Etats limousins, 19 réunions à Turenne, 11 à Argentat, 8 à Beaulieu, 1 à Meyssac, 2 à Servières et 1 à Collonges. Les Etats de Quercy s'assemblèrent 15 fois à Martel, 11 fois à l'Hôpital-Saint-Jean, 10 fois à Saint-Céré, 2 fois à Gagnac, 6 fois à Turenne et 3 fois à Bétaille.

Dans les séances de 1634, tant en Limousin qu'en Quercy, les Etats, du consentement du vi-

---

(1) Document communiqué par M. Eusèbe Bombal.

comte ou de son représentant, fixèrent le lieu de la prochaine réunion. Il en fut de même en 1637, 1643, 1695 et probablement dans toutes les assemblées intermédiaires.

Lorsqu'on revint à la pratique des assemblées générales, en 1703, un roulement fut établi entre les deux parties de la vicomté; les Etats devaient se tenir à tour de rôle une année en Limousin et l'année suivante en Quercy. Mais si le vicomte voulait assister à la réunion, il avait la faculté de désigner lui-même la localité où elle se tiendrait.

CHAPITRE IV.

RECRUTEMENT ET COMPOSITION DES ÉTATS.

A l'origine, les Etats de la vicomté sont des assemblées des trois ordres. — Les membres du Clergé. — Ils ne sont admis aux Etats qu'en leur qualité de seigneurs terriens. — Les membres de la Noblesse. — Ils représentent leurs terres. — Le Tiers-Etat. — Il se compose des représentants des villes jouissant de franchises. — Villes du Limousin et du Quercy représentées aux Etats. — Mode de représentation. — Déclin des Etats provinciaux du royaume. — Transformation du mode de recrutement des Etats de la vicomté. — Le clergé n'y est plus admis. — Les syndics généraux de la noblesse. — Les adjoints des consuls et des syndics des villes. — Composition des Etats. — Fixation de la date de cette transformation.

Les Etats de Turenne étaient composés au début de représentants des trois Ordres ; le clergé, la noblesse et le tiers-état y envoyaient des délégués. Les plus anciens cahiers que nous possédons ne laissent aucun doute à ce sujet.

En 1469, Anne de La Tour fait « assembler les gens d'église, nobles et autres gens qui ont accoustumé estre appelés aux trois Estatz ou assemblées de ladite viscomté. » En 1471, le vicomte fait établir à Beaulieu l'assiette de ses tailles « du consentement des gens des trois Estatz. » Le 5 août 1486, il réunit dans la même ville « les gens des trois Estatz de sadite viscomté de Turenne qui ont accoustumé estre assemblés par cy devant pour traicter des affaires d'icelle. » Quelques jours après, c'est à Meyssac qu'il « mande les trois Estats. »

A cette époque et probablement pendant toute la période antérieure, les trois classes sociales étaient donc représentées aux Etats de Turenne. Nous allons voir dans quelles conditions.

Comme aux Etats provinciaux du royaume, le clergé ne paraît pas y avoir été appelé en raison d'un droit propre, dérivant de la dignité de ses fonctions et de son caractère sacré. Il y était admis en sa qualité de grand propriétaire terrien et comme mandataire légal et naturel des gens qui vivaient sur ses domaines et dans sa dépendance. De tous les membres du clergé, ceux seulement qui pouvaient être assimilés à des seigneurs entraient aux Etats. Ils devaient être peu nombreux dans la vicomté de Turenne, qui ne comptait qu'une grande abbaye, celle de Beaulieu (1), le monastère de Souillac (2), et quelques prévôtés et prieurés (3). Aussi les cahiers ne signalent-ils la présence aux sessions de 1469 et 1486 (ce sont les seules sessions pour lesquelles nous avons la liste des membres présents) que de l'abbé de Beaulieu, messire Guyot de Grignan, et de « religieuse personne, frère Alzias de l'Ostringes, prévost de la prévosté de Tudeil. » Il semble résulter du procès-verbal de la session de 1487, tenue à l'Hôpital-Saint-Jean, que l'abbé de Souillac avait été convoqué et ne s'était pas rendu.

Peu nombreux et peu assidu aux réunions, le clergé de la vicomté cessa bientôt d'y participer. On oublia même qu'il avait assisté aux assemblées tenues au xv° siècle. Le rôle qu'il y avait joué était complètement effacé. L'auteur d'un mémoire de 1663 s'étonne que les États de Turenne n'aient pas été composés des trois Ordres, comme les autres États du royaume ; que le clergé n'y ait pas été appelé ; « on n'en peult rendre de raison, dit-il, que par présomption et conjecture tirée de la diversité de la religion dont feu Monseigneur de très glorieuse mémoire faisoit profession (4). » La vé-

---

(1) Ordre de Saint-Benoît.
(2) Abbaye de l'ordre de Saint-Benoît.
(3) Notamment les prieurés de Gagnac, de Greysse et de Frac (ce dernier dans la commune de Strenquels), de l'ordre de Saint-Benoît.
(4) *Pièces justif.*, n° III.

rité, c'est que les représentants du clergé s'étaient tenus à l'écart ou qu'on avait cessé de les convoquer avant même l'époque où le vicomte de Turenne embrassa le protestantisme.

Nous trouvons dans les mêmes cahiers l'énumération des membres de la noblesse qui assistaient aux séances des Etats de la partie limousine de la vicomté. En 1469, c'étaient : Guynot de Saint-Chamans ; son père ; François du Saillant, sieur de Flaumont, pour son père et pour lui ; Pierre de Cosnac ; Guy Robert, seigneur de Ligneyrac ; Guy de Longueval ; Antoine de Plas, coseigneur de Curemonte, pour son père et pour lui ; Jean d'Orgnac, coseigneur du Pêcher ; Guillaume de Cosnac ; Gilles de Queyssac, seigneur de Queyssac ; Bertrand Donaiel, seigneur de Lanteuil et de Maysser ; Etienne Lauvergne, sieur de Nozières (1).

En 1486, la noblesse était plus nombreuse ; nous y voyons : Jean de Miers, chevalier, seigneur de Miers et de Marcillac en partie ; François du Saillant, seigneur de Flaumont ; Jean du Puech, seigneur de Marcillac en partie ; Antoine de Plas, coseigneur de Curemonte ; Pierre de Saint-Chamans, seigneur de Longueval ; Bertrand Donaiel, seigneur de Lanteuil ; Guy de Saint-Chamans,

(1) Pièces justif., n° VIII.

coseigneur de Saint-Chamans et du Pêcher; Jean de Noailles, seigneur de Noaillac; Guynot Robert, seigneur de Ligneyrac; Jean de Ressignac, seigneur de Cousages; Jean d'Orgnac, coseigneur du Pêcher; Jean du Pueschet; Guillaume de Ronnac, seigneur de Bordes; Hélias de Cardaillac, coseigneur de Curemonte; Etienne de Curemonte; Balthazar, fils du seigneur de Maysser; Guynot de Saint-Chamans, seigneur de Longuev.l; Gilles de Queyssac, seigneur de Queyssac (1).

Les cahiers des Etats de la partie quercinoise de la vicomté ne nous donnent pas la liste des membres présents; mais par la composition des assemblées du Limousin, nous pouvons nous rendre un compte exact de ce qu'étaient celles du Quercy. Pour la noblesse comme pour le clergé, il n'existait pas un droit personnel d'assistance aux Etats; la terre seule y était représentée par les possesseurs de fiefs, seigneurs et coseigneurs.

Ce système de représentation était appliqué en ce qui concerne même le tiers-état. Les gens des campagnes, le « plat pays », avaient pour représentants légaux les seigneurs dont ils étaient pour ainsi dire les sujets. Aussi il n'est pas question d'eux dans les réunions des Etats. Mais les communautés et les communes reconnues par le vi-

---

(1) *Pièces justif.*, n° VII.

comte, jouissant de franchises plus ou moins étendues, capables de nommer des délégués, s'y faisaient représenter.

C'étaient, en Limousin, les villes de Beaulieu, Turenne, Servières et Argentat; en Quercy, les villes de Martel, Saint-Céré et Gagnac. En 1469, Servières avait délégué Guillaume Liège, notaire, et Jaime Audubert; Beaulieu avait pour députés, Jean Las Lepes, Jean Belloguié, notaire, et Antoine de Carbonières, ces deux derniers consuls (1). La plupart du temps, les consuls ou syndics se rendaient eux-mêmes aux convocations; quelquefois, ils donnaient mission à un ou plusieurs notables de les suppléer. En 1486, Beaulieu était représenté par Pierre Torène « ayant charge pour les consuls et ville »; messire Raymond de Friac et Jean Fachier avaient charge pour la ville et châtellenie de Servières (2).

A la fin du xv° siècle, les Etats provinciaux du royaume avaient perdu de leur importance, n'allaient pas tarder à disparaître. Le roi leur avait enlevé la plus importante de leurs attributions, celle qui nécessitait leur permanence, leurs réunions annuelles et régulières, la répartition de l'impôt. Des officiers spéciaux, chargés de ce soin,

---

(1) *Pièces justif.*, n° VIII.
(2) *Pièces justif.*, n° VII.

avaient été créés par le roi ; on les appelait les Elus du roi. Plus tard leurs offices furent vénaux. En même temps, la taille était devenue permanente. Presque toutes les provinces étaient unies à la Couronne. Le roi pouvait donc se passer des Etats généraux et provinciaux. Aussi leurs assemblées furent rares au xvie siècle ; le Limousin n'en a pour ainsi dire pas conservé de trace.

La vicomté de Turenne subissait le contre-coup de toutes les évolutions administratives du royaume. Une modification profonde allait bientôt se produire dans les règles suivies jusqu'à cette époque pour la constitution de ses Etats. Ces assemblées n'étaient pas menacées dans leur existence, le vicomte n'ayant aucun grief à leur reprocher. Mais elles étaient un vieux reste des institutions féodales, et la féodalité avait fini son temps. Les idées nouvelles portaient à centraliser et à démocratiser en même temps les diverses branches de l'administration. Dans les Etats de Turenne, le clergé n'occupait plus sa place. La noblesse constituait la grosse majorité de l'assemblée ; il fallait compter avec elle, la tenir en main ; le vicomte était à sa merci. Les consuls et les syndics des villes, qui devaient au vicomte leurs franchises et libertés, lui étaient dévoués ; mais leur autorité se trouvait, en quelque sorte, annihilée par celle des gentilshommes du pays.

Désirant fortifier son pouvoir pour l'avenir, sans

recourir pourtant à une mesure trop radicale, le vicomte conserva, en principe, l'institution des Etats, et se contenta de transformer leur mode de recrutement. Le clergé fut laissé de côté, et la noblesse n'eut le droit d'envoyer aux réunions qu'un seul délégué, auquel on donna le titre de syndic général, qui prêtait serment entre les mains du vicomte et des Etats et dont la commission était à vie. On évitait ainsi, dit l'auteur du Mémoire de 1663, « des querelles et des contestations pour la préséance entre les gentilhommes (1), » on diminuait les frais des sessions à la charge de la vicomté, et surtout on éliminait des représentants qui pouvaient, en raison de leur nombre, de l'importance de leurs domaines et de leur influence personnelle, devenir gênants.

La représentation des villes, en Limousin, fut augmentée ; les consuls ou syndics de cette partie de la vicomté eurent avec eux des adjoints qui prirent part aux délibérations. Les Etats se composèrent alors, pour la partie limousine de la vicomté, du syndic général de la noblesse du Limousin, des consuls ou syndics de Beaulieu, de Turenne, de Servières et d'Argentat et de leurs adjoints ; pour la partie quercinoise, du syndic général de la noblesse du Quercy, des consuls de Martel et des syndics de Saint-Céré et de Gagnac.

(1) *Pièces justif.*, n° III.

A quelle date eut lieu cette transformation ? Nous avons déjà signalé la lacune qui existe dans notre liste des sessions entre 1525 et 1576. Jusqu'en 1525, les Etats étaient composés des représentants des trois ordres. En 1576, le nouveau système était en vigueur. C'est dans cette période de 1525 à 1576 que le changement s'est produit.

Un *Mémoire sur la tenue des Etats*, écrit vers 1663, nous permet de préciser davantage. Nous y lisons que « il y a cent ou six vingt ans que le vicomte ayant fixé une taille à une certaine somme, laquelle estoit auparavant arbitraire, pour éviter des frais, laissa le pouvoir de cottiser ladite taille à un gentilhomme de chacune des deux parties, lequel prenoit la qualité de scindic général, et aux consuls des villes qui entroient auxdicts Estatz (1). » Ce serait donc entre 1543 et 1563 que le syndic général de la noblesse aurait été créé.

Nous pouvons, à l'aide d'un document plus ancien, corroborer cette indication. Dans les remontrances que les Etats de Quercy adressèrent au vicomte, en 1623 (2), ils rappelaient que leurs assemblées se composaient autrefois de représentants des trois ordres, et « que despuys soixante dix ou quatre vingts ans en ça, lesdits Estatz auroient changé de face, voire de *matière* et de

---

(1) *Pièces justif.*, n° II.
(2) *Pièces justif.*, n° XV.

forme. » Le changement de forme consistait « en ce qu'il n'y a plus heu de convocation d'Esglize ni de Noblesse, ains seulement du Tiers-Estat, concistant en villes et paroisses du plat pays, et encore le pouvoir desdits Estatz a été reduict en la main de trois villes qui sont Martel, Saint-Céré et Gaignac, les consuls et syndics desdites villes assistés de certains bourgeois plus apparens d'icelles résolvent et décident les affaires. » Cette transformation s'opéra, par conséquent, entre les années 1543 et 1553.

Depuis cette époque jusqu'en 1738, aucune modification nouvelle ne fut introduite dans la constitution des Etats. Lorsque les sessions se tenaient séparément par province, le syndic général de la noblesse de la province siégeait avec les syndics et consuls des villes de la même partie de la vicomté, et, lorsque les Etats se réunissaient en assemblée générale, les deux syndics généraux étaient présents.

CHAPITRE V.

LES SYNDICS GÉNÉRAUX DE LA NOBLESSE.

Syndics généraux du Limousin : — Pierre de Chabrignac (1576-1579). — De La Meschaussée (1608-1618). — Mercure de Chabrignac (1650-1661). — De Meynard (1695-1708). — De Pesteils (1715-1722). — Syndics du Quercy : — De Bastit (1579-1589). — De Carman (1589-1599). — De Vassinhac (1599). — De Tersac (1640-1663). — De Mirandol (1694-1695). — De La Batut (1707-1722). — Leurs gages. — Allocations supplémentaires. — Nomination des syndics généraux. — Prestation de serment. — Installation. — Mandat à vie. — Lutte des Etats de Quercy contre leur syndic général. — Résolutions des Etats de 1661. — L'assemblée de Bétaille. — Le vicomte promet de supprimer la charge de syndic général. — Il ne tient pas cet engagement. — Soumission des Etats.

Les cahiers des Etats nous font connaitre les noms des syndics généraux qui ont représenté la noblesse de la vicomté dans les réunions tenues en Limousin de 1576 à 1722 et en Quercy de 1589 à 1722.

En Limousin, le premier qui nous est signalé

est Pierre de Chabrignac, seigneur de Romaury. Il a siégé aux sessions de 1576, 1578 et 1579. Nous savons qu'il touchait dix livres pour ses gages, à chaque réunion des Etats ; il recevait, en outre, des allocations pour vacations et frais de déplacement et de séjour, qui pouvaient s'élever jusqu'à quarante livres.

Il eut pour successeur messire de la Meschaussée, qui assista à la session de 1608 et peut-être aussi à celle de 1618. Ses gages avaient été portés à soixante livres et il touchait soixante livres pour vacations et autres frais.

Après lui paraît Mercure de Chabrignac, écuyer, sieur de Travassac, en 1650, 1655 et 1661. Il recevait deux cents livres pour ses gages et cinquante livres pour le défrayer de la dépense que lui occasionnait chaque session.

En 1695 et pendant les années qui suivirent, jusqu'en 1708, la noblesse fut représentée aux sessions limousines par Barthélemy de Meynard, écuyer, seigneur de Chauzenejouls. Il lui était alloué deux cent soixante livres à titre de gages, sans compter l'indemnité de séjour, qui était de soixante-douze livres en 1795, et diverses allocations.

Le dernier des syndics généraux de la partie limousine de la vicomté fut Pierre de Pesteils, chevalier, seigneur de la Chapelle-aux-Plats, des Bordes, de Chadirac et autres places. Il fut élu en

1715 et assista aux dernières sessions des États.

Dans le Quercy, nous trouvons tout d'abord le syndic général de Bastit, qui recevait en 1579 la somme de dix livres pour ses gages.

Il était remplacé, le 3 mai 1589, par messire de Carman, dont nous ne voyons l'assistance mentionnée que dans un seul cahier, et qui occupa ce poste pendant dix ans (1).

Le 21 avril 1599, M. de Vassinhac, sieur de Langlade, lui succéda (2). Nous ne pouvons pas dire pendant combien d'années il remplit les fonctions de syndic général, mais nous savons qu'après sa mort le poste resta longtemps vacant.

Frédéric-Maurice de La Tour nomma, le 10 décembre 1640, Jean-Louis de Feydict, écuyer, sieur de Tersac, dont nous apprendrons bientôt les démêlés avec les États. De Tersac fut installé dans la session de 1642 et assista à celle de 1643 où il reçut deux cents livres pour ses gages et une grosse allocation supplémentaire.

En 1694 et 1695, la noblesse du Quercy est représentée par le syndic général de Mirandol.

Enfin, Jean de La Batut, seigneur de La Peyrouse, assiste, avec le même titre, aux sessions de 1707, où il reçoit deux cents livres pour ses gages, et de 1722.

---

(1) Arch. nationales, H² 494; voir le cahier des États de Quercy de 1655, *Pièces justif.*, n° XXIV.
(2) Arch. nationales, H² 494.

A qui appartenait la nomination du syndic général ? Le « Mémoire touchant la tenue des Etats de Turenne », écrit vers 1663, nous apprend qu'il était nommé par la noblesse. La représentant aux Etats, il devait, par conséquent, tenir d'elle ses pouvoirs. Il avait le titre de « syndic général de la noblesse » et était appelé quelquefois « député de la noblesse et syndic général (1). » Nous ne savons pas quelles étaient à l'origine les formalités de sa désignation. Les possesseurs de fiefs nobles devaient probablement le nommer à l'élection. C'est ainsi qu'ils procédaient au xviii° siècle, et ils ne faisaient, sans doute, que se conformer à un ancien usage. Lorsqu'il s'agissait d'élire le syndic général de la noblesse limousine, les nobles de la vicomté de Turenne en pays limousin étaient convoqués par le vicomte dans une localité déterminée à l'avance, et émettaient leurs votes. Les choses se passaient de la même façon dans la partie quercinoise de la vicomté, lorsqu'il s'agissait d'élire le syndic général du Quercy. Si les seigneurs ne pouvaient se rendre en personne au siège de la réunion électorale, ils envoyaient leur vote en une lettre signée et datée (2).

---

(1) Voir les cahiers des Etats de 1694 et de 1722.
(2) Voici la formule du vote du seigneur de la Borderie, pour la nomination d'un syndic, le 2 août 1715 :
« Nous, seigneur de la Borderie, en justice fondalité et directité, dans la paroisse de Beynat en Limosin vicomté de Turenne, ne

Le gentilhomme qui avait obtenu la majorité des voix était proclamé syndic général de la noblesse. Avant de prendre séance, il prêtait serment entre les mains du vicomte ou de son délégué et en présence des membres des Etats (1). On procédait ensuite à son installation et, après l'accomplissement de ces formalités, il pouvait collaborer aux travaux de la session.

En faisant abandon de son droit d'assister personnellement aux Etats et en consentant à n'y être représentée que par un seul délégué, la noblesse s'était surtout laissé déterminer par le désir de s'épargner des déplacements et des dérangements pénibles et onéreux. Son but n'aurait pas été atteint s'il eut fallu, chaque année ou pour chaque session, procéder à l'élection d'un député. Aussi, accepta-t-elle d'investir son député d'un mandat à vie (2). Cette combinaison devait être agréable au vicomte, car le représentant de la noblesse devenait ainsi une sorte de fonction-

---

pouvant nous randre le septiesme du courant, à l'assemblée quy se doit faire à Collonges des seigneurs gentilhommes dudit vicomté de Turenne Limosin, pour y nommer un scindic desdits seigneurs gentilhommes, ay nommé et nomme à la dite charge de scindic Monsieur de Pesteils la Chapelle, seigneur des seigneuries de Chadirac et des Bordes dans la chatellenie de Servieres audit vicomté de Turenne ; en foy de quoy ay signé ces presantes d'autre main escrit au Champ, paroisse de Serilhant le second aoust mille sept cens quinze.
      » Signé : LABORDERIE DUCHAMP. »

(Document communiqué par M. Eusèbe Bombal).
(1) Mémoire touchant la tenue des Etats; *Pièces justif.*, n° II.
(2) Id. Id.

naire, soumis à son influence et qu'il était facile de s'attacher par des ménagements ou des faveurs.

Dans la partie limousine de la vicomté, les syndics généraux se succédèrent sans causer aucun embarras aux vicomtes. Il n'en fut pas ainsi dans le Quercy. A la mort de M. de Vassinhac, leur député, les gentilshommes du Quercy avaient laissé la charge vacante. Plusieurs années s'étaient écoulées, et des réunions d'Etats avaient été tenues. Les consuls de Martel et les syndics de Saint-Céré et de Gagnac avaient appris à se passer du syndic de la noblesse. Ils considéraient cet état des choses comme une sorte d'affranchissement. Avec le temps ils oublièrent même qu'autrefois ils n'étaient pas seuls à composer l'assemblée des Etats et qu'un délégué de la noblesse y avait sa place et y prenait part aux délibérations. Dès 1623, lorsque le vicomte avait eu la pensée de pourvoir à cette charge vacante depuis de nombreuses années, ils s'étaient insurgés, en quelque sorte, avaient protesté énergiquement contre ce qu'ils appelaient une nouveauté, et adressé des remontrances à Son Altesse (1). Le vicomte renonça, pour le moment du moins, à son projet. Le 10 décembre 1640, comptant sur de meilleures dispositions des membres des Etats, il voulut

---

(1) *Pièces justif.*, n° XV.

mettre un terme à cette situation irrégulière et appela, de sa propre autorité, le sieur de Tersac au poste de syndic général du Quercy. Les Etats résistèrent, soutenant que la charge était éteinte et qu'au surplus la nomination de M. de Tersac était nulle parce qu'elle n'émanait pas de la noblesse. Le vicomte répondit que le syndic général étant le seul représentant de la noblesse aux Etats, sa présence était indispensable. De son côté, la noblesse du Quercy donna, le 26 janvier 1657, son adhésion au maintien de M. de Tersac.

On pouvait croire toutes les difficultés aplanies. Mais les consuls de Martel ne se tiennent pas pour battus. L'un d'eux avait été maltraité, paraît-il, par le syndic de Tersac; de là leur animosité (1). En 1661, ils refusent de tenir les Etats si le syndic général nommé par le vicomte y prend séance; ils déclarent même qu'ils se retireront si on veut lui allouer des gages et s'il doit être question de lui dans le cahier. Les syndics de Saint-Céré et de Gagnac, qui d'abord avaient accepté M. de Tersac et tenu avec lui deux sessions plus ou moins irrégulières (2), font cause commune avec les consuls de Martel. C'était une véritable

---

(1) Mémoire touchant la tenue des Etats...; *Pièces justif.*, n° II.
(2) Mémoire touchant la tenue des Etats; *Pièces justif.*, n° II; et Mémoire relatif au différend survenu entre les Etats de Quercy et le syndic général; *Pièces justif.*, n° III.

révolte. L'autorité du vicomte était méconnue, son administration paralysée.

Pour ne pas retarder la réunion des Etats, le vicomte fait annoncer que M. de Tersac ne s'y présentera pas et promet d'examiner avec soin les réclamations qui lui seront soumises. Cette concession ne calme pas les esprits. L'assemblée de 1661 est très agitée ; les représentants des trois villes du Quercy y prennent les résolutions les plus révolutionnaires, contestent à l'envoyé de Son Altesse sa qualité de président, nomment des commissaires chargés de surveiller le trésorier de la vicomté, suspendent la perception de certains impôts, affranchissent des biens sujets à la taille, défendent au greffier d'envoyer des mandes, se proclament enfin seuls membres des Etats.

On se demandait, dans les conseils de Turenne, ce que devait faire le vicomte pour rétablir son pouvoir et remettre dans l'ordre les députés de Martel, de Saint-Céré et de Gagnac. De nombreux mémoires furent échangés. Devait-on user de rigueur ? Mais s'il paraissait aisé de venir à bout de la résistance des syndics de Gagnac et de Saint-Céré, il fallait s'attendre à une opposition énergique de la part des consuls de Martel qui avaient été l'âme de cette rébellion. L'auteur du Mémoire de 1663, conseillait au vicomte de convoquer une assemblée générale à laquelle toute la noblesse serait appelée avec les représentants des paroisses et des villes. « La noblesse, disait-il à Son Altesse, ne luy faira jamais faux bon, les paroisses fairont tout ce qu'elle voudra, et si les villes sont choquées ce n'est que par l'interest et caprice de quelque particulier (1). »

La situation était tendue à l'extrême. Les consuls de Martel et les syndics de Saint-Céré et de Gagnac venaient de se réunir à Bétaille, en forme de session d'Etats, sans autorisation du vicomte. On cassa leur délibération. Cet acte énergique eut d'heureuses conséquences. M. de Tersac ne reparut pas dans les réunions suivantes ; le vicomte promit même, dans une ordonnance du 24 décembre 1666, qu'il supprimerait sa charge. Il n'en fallut pas davantage pour ramener le calme dans les Etats; les sessions reprirent leur cours régulier, et, le 2 décembre 1684, les consuls et syndics firent amende honorable au sujet de l'assemblée factieuse de Bétaille, promettant de ne plus se réunir sans ordre (2). Ce grave incident était clos.

Toutefois, les délégués des trois villes vicomtales du Quercy n'avaient pas oublié l'ordonnance de 1666, qui annonçait la suppression de la charge de syndic général. Il n'apparaît pas qu'ils aient protesté contre la présence de M. de Mirandol aux

---

(1) *Pièces justif.*, nº II.
(2) Voy. sur cet incident de nombreuses pièces aux Arch. nationales, R² 494; et *Pièces justif.*, nos II et III.

Etats de 1694 et 1695. Mais, en 1703, dans la réunion générale tenue à Argentat, ils rappellent au vicomte l'engagement qu'il a pris et le supplient « d'agréer que ledit pays (de Quercy) fasse ses protestations et oppositions sur ce sujet, en cas de besoin, avec tout le respect et la soumission qu'il doit à Son Altesse (1). »

La partie était perdue pour les consuls. Le vicomte était décidé à ne pas s'arrêter à leurs doléances. Nous avons vu plus haut que le seigneur de La Peyrouse avait assisté aux dernières réunions des Etats en qualité de « syndic général et député de la noblesse de la vicomté de Turenne au pays de Quercy. » Sa présence ne donna lieu à aucune manifestation hostile.

---

(1) *Pièces justif.*, n° XXX.

CHAPITRE VI.

LES REPRÉSENTANTS DES VILLES.

Les sept villes de la vicomté. — Leurs représentants aux Etats. — Les adjoints. — Nombre des députés en Limousin et en Quercy. — Les consuls et les syndics sont députés de droit. — Mode de nomination des adjoints. — Gratuité du mandat des adjoints. — Gages des consuls et des syndics. — Au xvi° siècle les membres des Etats sont nourris aux frais de la vicomté pendant la durée des sessions. — Indemnités de déplacement et de séjour à partir du xvii° siècle. — Taxe de ces indemnités. — Réduction du nombre des députés (1703). — Les conseils et les sergents des villes représentées. — Gages des sergents.

Nous avons dit, dans un précédent chapitre, comment les villes de la vicomté de Turenne étaient représentées aux Etats. Quand ces assemblées comprenaient des délégués des trois ordres, les consuls ou syndics de Beaulieu, d'Argentat, de Turenne et de Servières, pour le Limousin, — ceux de Martel, de Saint-Céré et de Gagnac, pour le Quercy, constituaient le tiers-état.

Ces localités étaient les seules de la vicomté qui eussent le rang de ville. Beaulieu en était la capitale ; ses franchises remontaient au XIII° siècle (1). Argentat avait une ceinture de murailles dès le XV° siècle ; elle était administrée jusqu'en 1615 par des syndics et ensuite par des consuls (2). Servières, chef-lieu d'une importante châtellenie, était murée (3). Turenne devait son titre de *ville* au château, aux murailles qui l'entouraient, à ses franchises. Martel était la principale ville de la vicomté en Quercy ; ses franchises dataient d'une époque reculée. Saint-Céré était une ville close ; des syndics l'administraient jusqu'en 1642 ; le vicomte lui permit à cette date d'élire des consuls. Enfin, Gagnac était le siège d'une justice assez étendue (4).

Les consuls ou syndics de ces villes se rendaient aux Etats en personne ou déléguaient des notables pour les suppléer. Tous les consuls et syndics en fonctions y étaient admis et il ne paraît pas que le nombre des suppléants fût différent de celui des titulaires. A la session de 1469, Servières était représentée par deux députés et Beaulieu par trois ; à la session de 1486, Beaulieu n'avait qu'un seul délégué.

---

(1) Voy. *Bull. Société des Lettres, Sciences et Arts de la Corrèze*, 1891, p. 258.
(2) Bombal, *Hist. de la ville d'Argentat*, pp. 41 et 51.
(3) Poulbrière, *Servières et son petit-Séminaire*, p. 39.
(4) Sur ces trois villes du Quercy, voy. *Diction. des Communes du Lot*, par L. Combarieu.

Lorsque la composition des Etats fut modifiée, vers le milieu du xvi° siècle, par la suppression des membres du clergé et l'institution du syndic général de la noblesse, nous voyons apparaître un élément nouveau dans la représentation des villes du Limousin. Les consuls en exercice continuent à y figurer, mais les villes peuvent désigner, en outre, d'autres délégués qui prennent le titre d'adjoint, assistent les consuls et font partie de l'assemblée des Etats. Chaque ville a droit à autant d'adjoints qu'elle a de consuls. Servières, qui était représentée aux Etats par un syndic général, avait aussi son adjoint.

Pour le Limousin, le corps des Etats se composait donc du syndic général de la noblesse, des quatre consuls de Beaulieu et de leurs quatre adjoints, du syndic général de Servières et de son adjoint, des deux consuls de Turenne et de leurs deux adjoints, des trois consuls d'Argentat et de leurs trois adjoints ; soit en tout vingt-un membres ayant voix délibérative. A partir de 1669, Argentat n'eut que deux consuls (1), mais conserva trois adjoints ; les Etats se trouvèrent donc réduits à vingt membres.

Les cahiers du Quercy ne mentionnent que la présence des consuls et du syndic de Martel,

---

(1) Eusèbe Bombal, *Histoire de la ville d'Argentat*, p. 114.

des syndics de Saint-Céré et de Gagnac. Ces villes n'étaient probablement pas, avant la fin du xvii° siècle, en usage de désigner des adjoints. Nous devons dire, toutefois, que le procès-verbal de 1637 porte la signature des consuls et syndics et de six personnages qualifiés du titre d'*assistant*. Martel avait quatre consuls et un syndic ; Saint-Céré et Gagnac avaient deux syndics chacun. L'assemblée des Etats de Quercy ne comprenait donc que le syndic général de la noblesse et neuf représentants des villes ; au total dix membres ayant voix délibérative. En 1595 et 1722, les consuls et syndics sont assistés d'adjoints.

Il ne faut pas croire que tous les représentants se rendaient exactement aux réunions. Nous ne les trouvons au complet qu'à la session tenue à Turenne en 1695. Ils étaient souvent de neuf à douze aux Etats de Limousin, et délibéraient quelquefois à cinq aux Etats de Quercy.

On connaît le mode de nomination des consuls et syndics des villes ; nous n'avons pas à l'exposer ici. Les consuls et syndics, par le fait même de leurs fonctions, étaient députés de droit aux Etats.

Les adjoints étaient élus pour chaque session. Leur nomination se faisait en assemblée de ville. « La plus saine et majeure partie des habitans » étant réunie au son de la cloche, les consuls donnaient lecture des lettres du vicomte de Turenne qui fixaient la date et le lieu de la prochaine session et invitaient l'assemblée à élire les adjoints. « Après avoir meurement délibéré », l'assemblée de ville nommait ses députés, leur donnait plein pouvoir pour la représenter et promettait de tenir pour agréable tout ce que feraient les consuls et les adjoints (1). Ces derniers étaient donc de véritables députés, élus spécialement pour la session des Etats ; aussi certains cahiers les désignent-ils sous ce titre.

Ils prenaient part aux délibérations comme les consuls et les syndics ; leur autorité était la même ; leurs pouvoirs avaient une origine commune. Une différence cependant existait entre eux. Les consuls et syndics, qui assistaient aux Etats, étaient payés ; leurs gages étaient inscrits au budget de la vicomté. Le mandat des adjoints était gratuit ; ils avaient droit seulement à une indemnité pour leur déplacement et leurs dépenses pendant la session.

Les gages des consuls et syndics constituaient un des éléments du budget ordinaire de la vicomté. Comme ceux des syndics généraux de la noblesse, ils allèrent en augmentant.

Ceux des consuls du Limousin, en 1576, furent fixés en bloc à 36 livres 10 sols. En 1578, les

---

(1) Nomination d'un adjoint par la ville d'Argentat ; *Pièces justif.*, n° XXXI.

consuls de Beaulieu recevaient 20 livres; les syndics de Servières, 14 livres 10 sols; ceux de Turenne, 7 livres. En 1579, les consuls de Beaulieu touchaient 20 livres, le syndic de Turenne 15 livres, celui de Servières 25 livres et celui d'Argentat 12 livres. En 1608 et 1618, les consuls de Beaulieu avaient 25 livres, le syndic de Servières 20, les consuls de Turenne 9 et le syndic d'Argentat 9. De 1650 à 1703, les gages des consuls de Beaulieu furent invariablement fixés à 48 livres, ceux du syndic général de Servières à 12 livres, ceux des consuls de Turenne à 12 livres et ceux des consuls d'Argentat à pareille somme.

Sur les cahiers des Etats du Quercy, en 1579, les consuls de Martel sont inscrits pour 4 livres, leur syndic pour 40 livres (1), les syndics de Saint-Céré pour 4 livres. En 1634 et dans les sessions suivantes jusqu'à la fin du xviie siècle, les consuls de Martel reçoivent 40 livres, leur syndic 5, les syndics de Saint-Céré 36 et ceux de Gagnac 30.

Pendant le xvie siècle, les consuls et syndics n'avaient droit qu'à leurs gages et ne recevaient aucune indemnité pour frais de séjour ou de déplacement. Mais il semble résulter des indications

---

(1) Nous avons pris ces chiffres sur le cahier de 1579. La copie que nous avons eue en mains contient probablement une erreur; nous croyons qu'une confusion a pu être commise entre les gages des consuls et les gages du syndic de Martel, les premiers devant être de 40 livres et les seconds de 4 livres. (Voir *Pièces justif.*, n° XII.)

des cahiers, qu'ils étaient nourris aux frais du Trésor. Nous voyons, en effet, qu'en 1578 il est inscrit au budget de la vicomté une somme de 25 livres « pour la cuisine » ; en 1579, le cahier des Etats de Limousin contient un article de 3 livres « pour les cuisiniers et serviteurs qui ont fait le service », et celui de Quercy contient une allocation de 40 livres au cuisinier « pour le service qu'il a fait ordinairement pour le pays. »

Cet usage paraît s'être perdu dès le commencement du XVIIe siècle. Les députés n'ont plus été nourris aux frais de la vicomté, mais il leur a été alloué une indemnité pour leur dépense. Quelques abus s'étaient sans doute produits, car les Etats de 1634 tenus à Turenne pour la partie du Limousin, sur « la plainte du peuple », décident que « à l'advenir ceux qui auront droict de convocation de venir en l'assemblée des Estats logeront ou bon leur semblera a la charge qu'il leur sera baillé par jour pour homme et cheval 4 livres et pour ceux des villes ou les Estats se tiendront leur sera baillé trente sols (1). »

La taxe que les Etats de Limousin avaient établie ne fut pas longtemps suivie. En 1650, pour leur « dépense ordinaire et extraordinaire », les consuls de Beaulieu recevaient 140 livres, le syn-

---

(1) Etats extraordinaires de Limousin, pour 1634, *Pièces justif.*, n° XVII.

dic général de Servières 43, les consuls de Turenne 24 et ceux d'Argentat 60 (1). En 1695, l'indemnité allouée était encore plus élevée : pour eux et leurs adjoints, les consuls de Beaulieu touchaient 288 livres, le syndic général de Servières 180 livres, les consuls de Turenne 144 et ceux d'Argentat 72 (2).

Nous ne voyons pas que, pour le Quercy, les indemnités de séjour aient été jamais soumises à une taxe. En 1634, les consuls de Martel recevaient 40 livres, les syndics de Saint-Céré 37 livres 10 sols, ceux de Gagnac 20 livres. Pour la session de 1643, tenue à Martel, les consuls de cette ville recevaient 65 livres, les syndics de Saint-Céré 150 livres et ceux de Gagnac 65 livres. Les allocations étaient, pour les consuls de Martel, en 1661 de 40 livres, en 1663 de 50 livres, en 1676 de 300 livres ; pour les syndics de Saint-Céré, dans ces deux premières sessions, de 90 livres, et dans la troisième de 260 livres ; les syndics de Gagnac touchaient 70 livres en 1655 et 1661, 65 livres en 1663, et 200 livres en 1676 (3). Le chiffre de l'indemnité variait à chaque session et dépendait de la longueur du voyage qu'avaient dû faire les membres des Etats, de leur nombre, de la durée de

---

(1) *Pièces justif.*, n° XXIII.
(2) *Pièces justif.*, n° XXIX.
(3) Voir aux *Pièces justif.*, les cahiers d'Etats de ces différentes dates.

leur séjour et aussi des dépenses extraordinaires résultant de l'exécution de leur mandat dans l'intervalle des sessions.

Ces gages et ces indemnités étaient devenus une charge assez considérable pour la vicomté. Aux Etats de Quercy de 1696, des réclamations avaient été formulées à ce sujet et l'on avait résolu « qu'à l'advenir les communautés des Estats y envoyeront le plus petit nombre des députés qu'il se pourra et le regleront (1). »

La critique était fondée, surtout en ce qui concernait les Etats du Limousin dont les membres étaient plus nombreux. Ceux-ci ne pouvaient s'empêcher d'adhérer à la résolution prise par leurs collègues du Quercy. Aussi, lors de l'assemblée générale tenue en 1703, à Argentat, il fut décidé qu'aux prochaines sessions Beaulieu n'enverrait que ses deux premiers consuls et deux adjoints, Servières son syndic général et un adjoint, Turenne son premier consul et un adjoint, Argentat son premier consul et un adjoint, Martel deux consuls, deux syndics et un adjoint, Saint-Céré ses deux premiers consuls et deux adjoints, Gagnac son premier consul et un adjoint (2). Les assemblées générales se composaient donc de vingt-un repré-

---

(1) Résolution rappelée dans les cahiers de 1703, *Pièces justif.*, n° XXX.
(2) *Pièces justif.*, n° XXX.

sentants des villes et de deux représentants de la noblesse.

Les députés ne se rendaient pas seuls aux réunions ; ils se faisaient accompagner par leurs conseils, hommes de loi qui pouvaient les éclairer dans les discussions, et par leurs sergents. Les conseils étaient payés et défrayés par les consuls ou les villes qui les envoyaient ; les gages et les dépenses des sergents étaient inscrits au budget de la vicomté.

De 1578 à 1634, nous ne trouvons sur les cahiers que la dépense du sergent de la ville où s'étaient tenus les Etats. Mais à partir de 1634, les villes de Beaulieu, de Turenne, d'Argentat, de Martel, de Saint-Céré et de Gagnac envoient chacune un sergent pour accompagner leurs représentants. Les gages du sergent de Beaulieu sont fixés à 3 livres ; ceux des sergents de Turenne et d'Argentat à 30 sols pour chacun. Les sergents du Quercy recevaient 6 livres de gages. Leurs dépenses étaient taxées en plus et variaient entre 6 et 12 livres.

CHAPITRE VII.

LES COMMISSAIRES DU VICOMTE.

Ils président les Etats en l'absence du vicomte. — La commission. — Sa forme. — Mondon de Commers (1486). — Chabrignac de Romaury (1576). — Geoffroy du Saillant (1579). — Gédéon de Vassinhac (1623). — Les Etats de Quercy protestent contre la nomination de ce commissaire. — Il est maintenu dans ses fonctions. — La lutte s'engage entre les députés et le délégué du vicomte. — Session de 1634. — Menaces et voies de fait. — Elizabeth de Nassau n'abandonne pas son commissaire. — Il préside encore les Etats de 1676. — Jean de Barrat (1694). — André Favre (1703).

Lorsque le vicomte ne pouvait se rendre lui-même à la réunion des Etats, il en confiait la présidence à un haut personnage de sa maison, au gouverneur de la vicomté, au procureur général de ses domaines, ou encore à l'un des membres de son conseil.

Il lui délivrait une commission écrite, car elle devait être lue « à haute voix » dans la séance d'ouverture, déposée au greffe et quelquefois insérée à la suite du cahier de la session. La forme en pouvait varier. C'était, le plus souvent, une lettre autographe ou signée tout au moins par le vicomte et contresignée par l'officier qui en faisait l'envoi (1). Pour la présidence des Etats limousins de 1695, le pouvoir avait été donné dans la forme des actes notariés et portait la signature de deux notaires du Châtelet (2).

Muni de sa procuration, le commissaire délégué se présentait devant les membres des Etats, occupait la place du vicomte, se faisait assister des officiers qui avaient droit de séance, ouvrait la session et prononçait le discours d'usage.

Le premier que nous voyons appelé à ces fonctions, est « noble et discret homme maistre Mondon de Commers, conseiller et serviteur de Monseigneur le vicomte de Turenne (3), » qui présida les Etats de 1486. Il appartenait à la vieille maison des Commerc ou Commers (de Commercio) en Quercy, et n'était autre, probablement, que ce Raymond de Commerc, curé de Sarazac, chancelier général d'Anne de La Tour, témoin de son testament en 1459 et de son codicille en 1488 (4).

---

(1) Voir notamment *Pièces justif.*, nos XVI et XXIV.
(2) *Pièces justif.*, n° XXIX.
(3) *Pièces justif.*, n° VII.
(4) Baluze, *Hist. généal. de la Maison d'Auvergne*, t. II, pp. 741 et 742; Nadaud, *Nobiliaire du diocèse et de la généralité de Limoges*, V° Commerc ; voy. aussi *Les Chroniques de Jean Tarde*, annotées par le vicomte de Gérard, p. 211, texte et note 1.

Pierre de Chabrignac de Romaury, syndic général de la vicomté, fut chargé de convoquer les Etats de 1576 et de 1578 (1).

En 1579, cette mission échut à l'un des membres de la famille de Lasteyrie du Saillant, à Geoffroy du Saillant, seigneur dudit lieu, qui avait occupé des fonctions honorifiques aux cours de Henri II, Charles IX et Henri III ; il était gentilhomme ordinaire de la chambre de Henri IV, et avait été fait chevalier de l'ordre du roi en 1570 (2).

La présidence de ces trois commissaires ne donna lieu à aucun incident, fut accueillie avec faveur. Les consuls et syndics ne voyant en eux que le représentant du vicomte, ne songèrent à contester ni la légitimité ni l'étendue de leurs prérogatives.

Ils se montrèrent plus difficiles, lorsque Gédéon de Vassinhac, écuyer, seigneur de Vassinhac, bailli perpétuel de Creysse, gouverneur de la vicomté (3), fut appelé à présider leurs réunions. Les premières protestations se produisirent aux Etats de Quercy, réunis à Saint-Céré en 1623.

---

(1) *Pièces justif.* nos IX et XI.
(2) Nadaud, *Nobil.*, V° Saillant.
(3) Les Vassinhac étaient originaires du Bas-Limousin où ils étaient, dès le xiiie siècle, seigneurs de Collonges et de plusieurs autres lieux. Gédéon de Vassinhac embrassa le parti calviniste et fut un des plus zélés partisans du duc de Bouillon. Quatre de ses frères avaient été tués au service du roi ; son fils fut tué au service de la Hollande. Son frère, Jean de Vassinhac d'Imécourt, était gentilhomme ordinaire de la chambre du roi et gentilhomme de la grande fauconnerie.

Depuis longtemps, le vicomte n'avait envoyé aucun commissaire pour présider en son nom les Etats ; il y avait plusieurs années que la noblesse de la province n'avait pas été représentée dans ces assemblées par un syndic général. On songea à régulariser la composition des Etats. Elizabeth de Nassau, mère du vicomte, désigna Gédéon de Vassinhac pour prendre la présidence de la réunion de Saint-Céré et annoncer aux représentants des villes qu'elle allait pourvoir à la charge de syndic général de la noblesse. Mais les consuls et syndics de Martel, Saint-Céré et Gagnac refusèrent de délibérer et se séparèrent en protestant contre l'intrusion du commissaire du vicomte et le projet d'instituer un syndic général.

Réunis de nouveau à Saint-Céré, le 5 août 1624, ils persistèrent dans leur résolution et obtinrent de Frédéric-Maurice de La Tour et d'Elizabeth de Nassau, des instructions qui enjoignaient à M. de Vassinhac de les laisser délibérer sans essayer de faire valoir ses droits à la présidence. Les Etats de Quercy avaient ainsi gain de cause, pour le moment du moins. Ils en témoignèrent leur satisfaction au vicomte, dans une lettre du 8 août 1624.

« Il y a quelques esprits, disaient-ils, quy ont taché de porter Madame (1), contre l'ordre acous-

---

(1) Elizabeth de Nassau.

tumé, a voulloir jetter un syndic général des paroisses dans nostre corps pour y avoir voix délibérative, ne recognoissans pas l'importance du changement des nombres quy faict changer de son et de cadance mesme quand on transporte en matière d'assemblée où les affaires se ballotent et terminent à la pluralité des voix le nombre de trois quy empeche les partaiges à celluy de quatre quy les produit et nourist et ne peult en suitte que jetter des semances de division et troubler les affaires quy se sont passées doucement au nombre de trois villes puys cinquante ans ou plus et sans désordre ny inconvénient quy en ayt réussy, sur quoy nous avons faict remontrances très humbles à Madame, avec supplication de nous maintenir en la forme ordinaire que feu Monseigneur a approuvée et le temps a authorisée et fait passer en forme de coustume, laquelle n'ayant rien de vicieux doibt aller à son train, et la nouveauté qu'on vouldroit introduire ne pourroit apporter que confusion et retardement des effaictz quy regardent vos interestz ainsy que nous espérons vous donner à entendre lorsque nous aurons le bien de vous voir en ce pays ainsy que nous mandéz (1). »

Dix années s'étaient écoulées, lorsque Gédéon de Vassinhac fut appelé à présider, en 1633, les

---

(1) Document de la collection de M. Champeval; voir aussi *Pièces justif.*, nº XV.

Etats de Limousin tenus à Argentat (1). Il n'éprouva pas, dans cette session, de grosses difficultés. Le 19 juin 1634, la réunion avait lieu à Turenne. Après que le greffier eut donné lecture de l'ordonnance de Madame Elizabeth de Nassau, qui, au nom de son fils, conférait la présidence à de Vassinhac, les Etats ordonnèrent que cette commission fût insérée à la suite du procès-verbal de la session, mais sans aucune approbation « de la qualité de président attribuée par ladicte commission audict seigneur (2), » protestant, au contraire, contre cette qualité et se réservant de se pourvoir auprès du vicomte pour la contester. Il ne prit pas part aux délibérations, et les députés ne lui allouèrent aucune indemnité pour ses dépenses.

Trois jours plus tard, Gédéon de Vassinhac se présenta devant les Etats de Quercy réunis à Martel. L'accueil que lui firent les députés fut encore plus hostile. Ils écoutèrent la lecture de sa commission, mais lui refusèrent énergiquement le droit de présider et de conclure. Ils insinuèrent aussi qu'il aurait retardé la tenue de la session pour empêcher les Etats d'adresser leurs « très-humbles remonstrances à son Excellence. » Les consuls et les syndics n'avaient jusque-là aucun grief personnel

---

(1) Archives nationales, R² 493, fᵒˢ 245 et 247.
(2) *Pièces justif.*, nº XVI.

contre lui. Leur opposition ne visait que les pouvoirs du commissaire donnés illégalement selon eux. Le vicomte, croyaient-ils, avait seul le droit de présider leurs séances et de conclure ; et ce droit, il ne pouvait le déléguer. Ils ne contestaient pas les bons services de M. de Vassinhac, ni son dévouement aux intérêts de la vicomté, et lui allouaient même une somme de quatre-vingts livres « en recognoissance du soing particulier que ledit sieur auroit apporté à l'advancement du bien public du pays (1). »

Mais la situation allait s'envenimer avant la fin de la session. Antoine Girbaud était le greffier en titre des Etats, nommé par le vicomte et agréé par les députés. Lorsqu'il voulut occuper son bureau, Gédéon de Vassinhac y mit obstacle, lui interdit de remplir « le debvoir de sa charge » et désigna d'office, pour le suppléer, un notaire de la localité, Mᵉ Jean Oudart. Il était évident que l'attitude des consuls et syndics avait blessé son amour-propre. Atteint dans sa dignité, le commissaire du vicomte allait leur faire sentir, d'une façon plus énergique, son mécontentement et sa mauvaise humeur.

Lorsqu'on lui présente, le lendemain, le procès-verbal de la séance en lui demandant de le signer,

---

(1) *Pièces justif.*, nº XVIII.

il s'y refuse. Il est agressif, menace « de frapper ceux qui ne voudroint condescendre à ses volontés. » Les consuls et syndics de Martel, Saint-Céré et Gagnac prennent acte de ses violences et de ses menaces, et l'invitent à attendre l'acte notarié qu'ils lui préparent, « concernant la liberté desd. Estats et le service de Monseigneur. » Mais de Vassinhac était déjà à cheval, prêt à franchir la porte de Fontanelle. Comme on veut l'en empêcher, il s'approche de Guillaume Bourdaria, syndic de Martel, lève sur lui son bâton et cherche à l'en frapper. Les membres des Etats prennent immédiatement les fait et cause de Bourdaria outragé en sa qualité de syndic et dans l'exercice de ses fonctions « pour la deffense et l'interest du public. » Ils ouvrent une information, décident qu'ils en saisiront le vicomte et poursuivront l'affaire « aux frais et despans du pays (1). »

Elisabeth de Nassau, qui avait la plus grande confiance dans le dévouement, l'habileté et l'énergie du gouverneur de la vicomté, n'hésita pas à le déléguer encore pour présider les Etats de Quercy de 1637. La session se tenait cette fois à Saint-Céré. Mais les incidents de Martel n'étaient pas oubliés. Les consuls et les syndics étaient résolus à relever l'offense faite à leurs devanciers. Quand Gédéon de Vassinhac eut fait donner lecture de

---

(1) Cahiers des Etats du 22 juin 1634, *Pièces justif.*, n° XVIII.

sa commission, les Etats renouvelèrent les protestations déjà formulées. Le commissaire du vicomte prit la parole, affirma le droit qu'avait son maître de convoquer les assemblées des Etats, le droit de choisir le lieu de réunion malgré toute coutume contraire, le droit d'ouvrir les sessions, de les présider et d'y conclure, et le droit, par conséquent de « commettre tel qu'il luy plairoit pour cest effect. » Les membres des Etats se mirent à protester de plus belle et se retirèrent à part pour délibérer hors la présence de Vassinhac. Cette fois, ils ne soumirent même pas leur cahier à l'approbation ni à la signature du commissaire (1).

De Vassinhac se présenta encore, comme président, aux Etats de 1639, de 1640, de 1655, de 1661 et de 1663, et dans chaque session il entendit les protestations de l'assemblée (2). En 1676, il présida pour la dernière fois, et sa présence ne donna lieu à aucune réclamation (3). Il y avait près d'un demi-siècle que cette lutte durait ; les querelles humaines ont rarement un plus long terme. Rien ne fut changé dans les anciennes traditions. Les membres des Etats désarmèrent ; ils étaient las de résister. La paix se fit. De nouveaux commissaires purent sans difficulté présider les séances de 1694, 1695 et 1703.

---

(1) Cahier des Etats du 3 septembre 1637, *Pièces justif.*, n° XIX.
(2) Voir *Pièces justif.*, n°s XXIV, XXV, XXVI,
(3) *Pièces justif.*, n° XXVII.

Jean de Barrat, écuyer, seigneur de la Condamine, gentilhomme ordinaire de la chambre du roi, gouverneur de la vicomté, ouvrit et présida les sessions tenues par les Etats de Quercy en 1694 et 1695, et la session de 1695 tenue par les Etats de Limousin dans le château de Turenne.

L'assemblée générale de 1703, à Argentat, fut présidée par Samuel-André Favre, seigneur de Villiers, avocat au parlement, intendant des maisons et affaires de son Altesse. Ce commissaire fit preuve en cette circonstance d'une louable générosité et d'un grand attachement aux intérêts du vicomte. « Quoyqu'il ait déclaré ne vouloir aucun présent du pais, lesdits sieurs des Estats le prient d'agréer neuf cens livres, avec l'assurance qu'ils souhaiteroient pouvoir mieux luy marquer leur sentiment. » La somme fut inscrite au budget. En signant le cahier, l'intendant remercia les Etats de leur bonté à son égard et les pria de vouloir bien joindre les neuf cents livres qu'ils lui allouaient au présent fait à son Altesse (1).

---

(1) Cahier des Etats de 1703, *Pièces justif.*, n° XXX.

CHAPITRE VIII.

LES FONCTIONNAIRES DES ÉTATS.

I. Le Greffier des Etats. — Il est nommé par le vicomte. — Il prête serment. — De Sillamonte (1608). — Antoine, Jean et Symphorien Girbaud (1634-1722). — Sclafer (1734). — Les gages du greffier. — Gratifications. — Fonctions du greffier. — Jean Oudart, greffier d'office (1634). — II. Le Receveur des tailles. — Nomination. — Serment. — Cautionnement. — Fonctions. — Charles et Jean Foucher (1634-1643). — Giles Lacheze (1650). — Tournier (1676). — Gages du receveur. — Indemnités diverses. — III. Le Sergent des Etats. — Ses fonctions. — Nomination. — Prestation de serment. — Sergents supplémentaires. — Gages et indemnités.

Le corps des Etats avait un petit groupe de fonctionnaires qui lui était spécialement attaché et l'aidait dans l'accomplissement de sa mission. C'étaient le greffier des Etats, le trésorier ou receveur des tailles, et le sergent des Etats ou sergent des tailles.

I

Le greffier des États était nommé par le vicomte qui le choisissait ordinairement parmi les notaires ou garde-notes de la vicomté. Sa commission enregistrée était lue devant les députés réunis et copiée tout au long dans le cahier de la session. Les États l'admettaient, après enquête, à prêter serment « de servir fidèlement et ne révéler les secrets »; ils procédaient ensuite à son installation.

Il n'y avait qu'un seul greffe et un seul greffier pour toute la vicomté. Les sessions de Limousin et de Quercy ne se tenant pas en même temps, le même greffier pouvait se rendre aux deux assemblées.

Le premier, dont le nom nous ait été conservé, est le sieur de Sillamonte, qui signa le procès-verbal de la session de 1608 (1).

Il eut pour successeur Antoine Girbaud. Le greffe ne sortit de la famille Girbaud qu'en 1734. Il passa à Jean Girbaud, fils d'Antoine, et à Symphorien Girbaud, fils de Jean. Jean Girbaud prêta serment en 1663 (2) et Symphorien Girbaud fut

---

(1) *Pièces justif.*, n° XIV.
(2) Voy. sa commission dans le cahier des Etats de 1663, *Pièces justif.*, n° XXVI.

installé dans ses fonctions en 1722 (1). En 1734, la charge était occupée par un sieur Sclafer (2).

Au xvi° siècle, les gages du greffier, inscrits au budget de la vicomté, variaient de quatre à onze livres dix sols par session. Pendant la première moitié du siècle suivant, ils sont fixés à trente livres. A partir de 1650, ils sont élevés à cent livres. Le greffier touchait en outre une indemnité de séjour et de déplacement de douze à quinze livres et des gratifications pour travaux supplémentaires.

Ses fonctions consistaient à préparer les lettres de convocation pour les sessions, à rédiger les procès-verbaux ou cahiers et à en envoyer le dispositif aux collecteurs chargés de percevoir les impositions votées. Ils devaient donner une expédition des cahiers à chacune des villes qui étaient représentées aux Etats (3).

Un différend, dont les causes nous sont inconnues, surgit en 1634 entre Antoine Girbaud et de Vassinhac, gouverneur de la vicomté. Nous l'avons déjà signalé au chapitre précédent. Gédéon de Vassinhac, qui présidait la session de Martel « n'auroit voulu souffrir que M° Anthoine Girbaud, greffier auxdits Estats, ayt fait le debvoir de sa

---

(1) Sa commission est insérée dans le cahier des Etats de 1722, *Pièces justif.*, n° XXXIV.
(2) *Pièces justif.*, n° XXXV.
(3) *Pièces justif.*, n° XXV.

charge » ; il requit d'office Mᵉ Jean Oudart, notaire royal à Martel, qui rédigea et signa le cahier (1). Ce fut la première crise aiguë de la longue querelle qui divisa pendant près de cinquante ans les Etats de Quercy et le commissaire du vicomte.

II

Il ne faut pas confondre le trésorier des Etats, désigné souvent dans les cahiers sous le nom de receveur des tailles, avec le trésorier du vicomte. Leurs fonctions étaient absolument distinctes. Ils tenaient, tous les deux, leur nomination du vicomte ; mais le premier était l'agent financier des Etats, et le second l'agent financier du vicomte. Ils figurent l'un et l'autre sur le cahier de 1676 et reçoivent chacun une allocation.

Le trésorier des Etats encaissait les tailles et était responsable de leur emploi, payait les gages et les dépenses votées, remettait au trésorier du vicomte les subsides et les dons de toute nature qui étaient alloués au chef, aux membres et aux fonctionnaires de la maison de Turenne. Il devait « bailler bonne et suffizante caution. » Ses lettres de provision étaient lues en séance et enregistrées au greffe ; il prêtait serment et était installé dans ses fonctions par le président des Etats (2).

---

(1) *Pièces justif.*, nº XVIII.
(2) *Pièces justif.*, nº XVII.

Les cahiers nous apprennent les noms de plusieurs trésoriers. Charles Foucher ou Faucher remplit cette charge jusqu'en 1637. Il se démit à cette époque en faveur de son fils Jean, que nous voyons assister à toutes les sessions jusqu'en 1643. Jean Foucher était décédé en 1650 (1) ; sa veuve avait, à cette date, quelques difficultés avec les Etats pour la reddition de ses comptes. Il eut pour successeur Giles Lacheze. La charge avait passé, en 1676, à Tournier.

Le trésorier exerçait ses fonctions sur toute la vicomté et recevait des gages et des rémunérations des Etats de Limousin et de ceux de Quercy. Ses gages n'avaient rien de fixe au début. Il recevait dix livres en 1576, cinquante livres en 1578, seize livres du Quercy et quarante du Limousin en 1579, cent livres du Limousin en 1608 et deux cents des mêmes Etats en 1634 ; le Quercy ne lui payait à la même époque que soixante-quatre livres. En 1637, le Quercy lui allouait encore soixante-quatre livres, et le Limousin deux cents. A partir de 1650, les Etats de Limousin portèrent ses gages à trois cents livres. Les Etats du Quercy ne lui donnaient que quatre-vingts livres ; mais Giles Lacheze, nouvellement installé, exposa que cette somme ne suffisait pas « a le faire supcister dans

---

(1) *Pièces justif.*, n° XXIII.

son bureau pendant le temps qu'il est obligé d'y attendre le paiement des sommes ordinaires, outre les pertes et les accidens qui arrivent ordinairement dans un tel maniement (1). » Sa requête paraissant juste, on lui accorda vingt livres de plus. Il reçut donc, depuis 1655, cent livres du Quercy et trois cents livres du Limousin. En 1722, les gages du trésorier n'avaient pas varié. Il touchait, en outre des gages, des allocations de dix à douze livres pour ses dépenses pendant les sessions.

III

Le sergent des Etats ou sergent des tailles était un fonctionnaire plus modeste, chargé de préparer les sessions, de porter les lettres de mande aux syndics généraux de la noblesse et aux consuls et syndics des villes. Il avait aussi pour mission de notifier les convocations des syndics des paroisses, lorsque, par exception, ils étaient appelés aux assemblées. Le vicomte le nommait. Il prêtait serment devant les Etats. Il n'y avait qu'un seul sergent des tailles pour les deux parties de la vicomté. En 1643, le vicomte nomma deux sergents supplémentaires qui n'exercèrent probablement que pendant cette année (2).

---

(1) Etats de Quercy de 1655, *Pièces justif.*, n° XXIV.
(2) *Pièces justif.*, n° XX.

Les gages du sergent étaient de quinze sols pour le Quercy en 1576, de quarante sols pour le Limousin en 1578, de vingt sols pour le Quercy et de trois livres pour le Limousin en 1579. A partir de 1630, le Limousin lui alloue cinq livres et le Quercy quatre. Il toucha dix livres en 1695. Les sergents supplémentaires de 1643 reçurent chacun trois livres. On leur donnait en plus quelque gratification lorsque la session était plus longue que de coutume.

En 1703 et 1722, il n'est fait aucune mention du sergent des tailles sur les cahiers des Etats.

CHAPITRE IX.

LA TENUE DES SÉANCES.

Préséances. — Fonctionnaires assistants. — Le Procureur général du domaine. — Son rôle. — Les Etats contestent son droit d'intervention. — Ordonnance d'Elizabeth de Nassau (1634). — Gages du procureur. — Le Sénéchal du vicomte. — Ses gages. — Le Prévôt de la vicomté et le secrétaire du vicomte. — Publicité des séances d'ouverture. — Le Président. — Discours d'ouverture. — Réponse du syndic général. — L'ordre du jour. — Le vote. — Le cahier des Etats.

Connaissant le personnel du « corps des Etats de la vicomté de Turenne », nous allons le suivre dans une des salles où il tient ses sessions et assister à la séance.

Il marche dans un ordre qui est déterminé par la hiérarchie sociale et par des règlements spéciaux. Le syndic général de la noblesse s'avance le premier, précédé du sergent des Etats. Derrière lui viennent les consuls de Beaulieu et leurs adjoints, précédés de leur sergent. Le syndic général de Servières et son adjoint passent ensuite. Après eux prennent place les consuls de Turenne et leurs adjoints, précédés d'un sergent ; enfin, ce sont les consuls d'Argentat et leurs adjoints, précédés aussi d'un sergent.

Cette question de préséance est réglée depuis longtemps. Les cahiers nous prouvent qu'elle a été observée à chaque session dès le XVIe siècle. Tous les procès-verbaux énumèrent les représentants des quatre villes limousines dans l'ordre que nous venons d'indiquer. Les consuls veillaient avec un soin jaloux à ce que cet ordre soit respecté. Aux Etats de 1643 tenus à Argentat, les consuls de cette localité voulurent passer avant ceux de Turenne. Ces derniers protestèrent énergiquement. Le vicomte ajourna la solution de la difficulté à une autre session, invitant les intéressés à produire leurs titres (1). La question ne se posa pas à nouveau.

Dans les réunions du Quercy, après le syndic général de la noblesse, les consuls et le syndic de Martel avaient le premier rang. Venaient ensuite les syndics de Saint-Céré, et, au dernier rang, les syndics de Gagnac.

Lorsque les Etats des deux provinces se réunis-

---

(1) Cahier des Etats de Limousin, de 1643. Arch. nat., R² 494.

saient en assemblée générale, la préséance appartenait alternativem.nt aux représentants de ces deux parties de la vicomté. Le sort ayant donné le pas aux députés du Limousin dans la session de 1703, les députés du Quercy marchèrent en tête dans la session suivante et se placèrent, en séance, à la droite du vicomte.

Quelques autres personnages avaient leur place marquée dans l'assemblée. C'était d'abord le procureur général du domaine. Ce fonctionnaire du vicomte avait le droit d'assister aux séances et devait siéger, sans doute, à côté du président. Il pouvait être appelé à porter la parole au nom du vicomte pour soutenir ses propositions et ses réclamations (1). Son intervention ayant soulevé quelques difficultés, Elizabeth de Nassau, duchesse douairière de Bouillon, au nom de son fils dont elle avait les pleins pouvoirs, rendit, le 3 avril 1634, une ordonnance pour affirmer le droit de séance du procureur général. Il aura, disait-elle, « entrée et séance auxdits Estats, tout ainsin et en la mesme forme et manière que ses devanciers l'ont eue, sans qu'il puisse être troublé ni empesché à l'advenir pour quelque cause et prétexte que ce soict (2). »

---

(1) Etats de 1643, *Pièces justif.*, n° XX.
(2) Etats ordinaires de Limousin pour 1634 ; *Pièces justif.*, n° XVI.

Nous connaissons les noms de quelques procureurs généraux du domaine. Les cahiers mentionnent Greil, jusqu'en 1634 ; Gédéon Andrieu, de 1637 à 1663 ; Tournier, qui en remplissait provisoirement la charge en 1676 ; de Rilhac, en 1695 et 1703 ; Queyrille, en 1722.

Les Etats de Quercy leur allouaient six livres de gages en 1634 et douze livres à partir de 1643. Les Etats de Limousin leur donnaient neuf livres en 1637 et dix-huit livres plus tard. Ils recevaient en outre des subventions pour leur séjour dans les villes où se tenaient les sessions.

Le sénéchal du vicomte avait aussi ses entrées aux Etats, mais en simple assistant ; il ne prenait aucune part aux discussions. Il pouvait se faire représenter par son suppléant (1). Ses gages étaient, pour le Quercy, de six livres et, pour le Limousin, de neuf livres en 1634 et 1637. Il reçut dans la suite douze livres du Quercy et dix-huit du Limousin.

Nous pouvons encore citer le prévôt de la vicomté et le secrétaire du vicomte, qui assistaient aux réunions dans les mêmes conditions que le sénéchal. Le secrétaire du vicomte y était quelquefois délégué par son maître en vertu d'une procuration

---

(1) Etats de Quercy de 1676 ; *Pièces justif.*, n° XXVII.

spéciale (1). Ils recevaient l'un et l'autre des gratifications.

La séance d'ouverture était publique. Le cahier de la session de 1643, tenue à Martel, nous montre « plusieurs gentilshommes, officiers et autres personnes, entrés dans ladite salle pour voir l'ouverture desdits Etats (2). » Les syndics des diverses paroisses de la vicomté étaient quelquefois invités à y assister. Ils y portaient leurs plaintes et leurs requêtes, et se retiraient après en avoir fait la remise au président, laissant les Etats discuter et voter (3).

La présidence revenait de droit au vicomte ou à son commissaire délégué. Nous avons raconté plus haut la longue lutte que les Etats de Quercy soutinrent contre l'un de ces commissaires (4). Le vicomte présidait en personne assez souvent.

Quand les membres des Etats, leur personnel, leurs fonctionnaires, le greffier, les fonctionnaires du vicomte et le public avaient pris les places qui leur étaient réservées, le vicomte ou son délégué ouvrait la séance par un discours.

Son allocution ne sortait guère des généralités

---

(1) Etats de Quercy de 1676 ; *Pièces justif.*, n° XXVII.
(2) Etats de Quercy de 1643 ; *Pièces justif.*, n° XX.
(3) Etats de Quercy de 1655 ; *Pièces justif.*, n° XXIV.
(4) Aux documents déjà cités on peut ajouter le *Mémoire relatif au différend survenu entre les Etats du Quercy et le Syndic général*; *Pièces justif.*, n° III.

admises en pareille circonstance. Il promettait aux députés sa protection et sa bienveillance, leur faisait part de son désir de pourvoir, avec leur collaboration, au bien et au soulagement de tous ses sujets, d'empêcher les désordres et les abus, de mettre fin aux procès qui naissent à l'occasion de la levée des deniers ; il les invitait enfin à délibérer sagement et à émettre les avis qu'ils jugeraient les plus propres à assurer la prospérité de sa vicomté et l'amélioration du sort des pauvres. Pour le détail de ses intentions, il s'en rapportait au conseiller auquel il avait donné la mission de parler en son nom (1).

Le syndic général de la noblesse lui répondait au nom des Etats, remerciait le vicomte des sentiments qu'il venait d'exprimer, le suppliait de leur continuer les effets de sa protection et l'assurait du respect et de l'obéissance qu'ils lui doivent (2).

Après ces harangues, le public, les officiers du vicomte, les fonctionnaires et les syndics des paroisses, qui n'étaient pas membres des Etats, se retiraient ; la discussion des affaires de la vicomté commençait alors.

---

(1) Voy. notamment l'allocution prononcée à l'ouverture des Etats de Quercy de 1643, *Pièces justif.*, n° XX.
(2) Etats de Quercy de 1643, *Pièces justif.*, n° XX, et Etats de Limousin de 1650, *Pièces justif.*, n° XXIII.

Les questions relatives à l'exécution des ordonnances antérieures des Etats étaient d'abord résolues. On arrêtait les démarches qu'il y avait à faire dans l'année ; on s'éclairait sur l'état des procès en cours ; on prenait des mesures pour sauvegarder les privilèges des vicomtins. La tâche importante et délicate était la fixation des sommes à allouer au vicomte sous forme de pension ou de don. On réglait ensuite les gages et les indemnités dus aux députés, à leur personnel, aux fonctionnaires et aux employés, et lorsqu'on avait ainsi établi le budget des dépenses, on ordonnait que la somme nécessaire pour y faire face serait levée sur les paroisses de la vicomté et on en détaillait la répartition.

Sur chacune de ces questions, après avoir délibéré, les députés émettaient leur vote ; les voix étaient « colligées séparément et en la forme accoustumée en semblable occasion (1). »

A la fin de la séance, le cahier était rédigé par le greffier, signé par le président, les députés et le greffier. Il devenait exécutoire après l'approbation et la ratification du vicomte (2).

---

(1) Etats extraordinaires de Limousin de 1634, *Pièces justif.*, nº XVII.
(2) Etats de 1703, *Pièces justif.*, nº XXX.

LIVRE II.

ATTRIBUTIONS DES ETATS.

PRÉAMBULE.

Les attributions des États de la vicomté de Turenne étaient de natures diverses. Dans une requête qu'il adressait à Louis XI, en 1467, le vicomte en donnait une définition assez vague. Il avait le droit de réunir les Etats, disait-il, « pour traiter et besongner des faits et affaires d'icelle viscomté et pour iceulx conduire et poursuivre. » Il ajoutait, avec plus de précision, qu'il lui appartenait, d'accord avec les Etats, « et aussi toutes et quantes fois qu'eulx ensemble voient estre nécessaire et convenable pour le bien du païs et aultrement, de mettre, asseoir et imposer à une fois ou plusieurs telle somme de deniers qu'ils congnoissent léur estre nécessaire sur les habitans d'icelle viscomté par manière de taille le fort portant le faible en la manière accoustumée, et iceulx deniers faire cueillir et lever et les distribuer et emploïer par leurs ordonnances ez affaires du païs (1). »

---

(1) *Pièces justif.*, n⁰ VI.

Les plus anciens cahiers énoncent que les Etats s'assemblent « pour tracter des affaires de ladite viscomté (1). »

Quelles étaient ces affaires dont la conduite et le règlement étaient confiés aux Etats ? Les cahiers des délibérations vont nous permettre de les déterminer.

Nous avons dit que les Etats de Turenne avaient dans la vicomté le rôle des Etats généraux et des Etats provinciaux du royaume. Leurs attributions, comme celles de ces assemblées, pouvaient se diviser en trois catégories : attributions politiques, attributions administratives, attributions législatives (2).

Les attributions politiques comprenaient le droit de voter les impôts, d'allouer des subsides au vicomte et aux membres de sa famille sous forme de dons gratuits, de recevoir le serment de certains fonctionnaires.

Dans les attributions administratives, nous rangeons la répartition des impôts, l'emploi des recettes, le contrôle de la gestion du trésorier, la conservation des privilèges, la direction des procès qui intéressaient les droits et les finances de la

---

(1) Cahier de 1486 ; *Pièces justif.*, n° VII.
(2) M. Antoine Thomas a adopté cette classification en trois catégories des attributions des Etats provinciaux de la France centrale, dans le savant ouvrage qu'il a consacré à l'étude de ces assemblées. Nous ne pouvons suivre un meilleur guide.

vicomté, les dépenses d'une utilité générale, l'instruction publique, les constructions et les réparations des édifices communs, des chemins et des ponts.

Nous pouvons, enfin, considérer comme des attributions législatives les règlements sur la tenue des Etats et le nombre des députés qui y prenaient part, l'admission de certaines paroisses au titre de membre de la vicomté, les prescriptions relatives à la procédure en matière de recouvrement d'impôts et à la taxe des frais de poursuite, le droit d'adresser des doléances au vicomte et d'autoriser les communautés à s'imposer extraordinairement.

Dans les chapitres qui suivent, nous allons traiter successivement de ces diverses attributions.

CHAPITRE Ier.

LE VOTE DE L'IMPOT.

Organisation féodale de la vicomté. — L'organisation du royaume lui sert de type. — Au xv° siècle, le roi ne lève pas d'impôt sans le consentement des Etats provinciaux. — Création des Elus ; déclin des Etats provinciaux. — Les Etats de Turenne conservent leur omnipotence financière. — Ils votent l'impôt. — Des différentes charges auxquelles le produit de l'impôt doit faire face.—Les aides. — Les dons extraordinaires. — Les procès. — Les travaux publics. — La conservation des privilèges. — Les gages des fonctionnaires. — Les gages des députés. — Le droit de voter l'impôt n'est jamais contesté aux Etats. — A défaut de réunion des Etats, le sénéchal ou le procureur fait l'assiette des tailles. — Bases de leurs répartitions. — Les Etats autorisent les communautés à s'imposer particulièrement.

Le vicomte de Turenne était le plus puissant seigneur de la contrée. Ses domaines patrimoniaux étaient nombreux et importants ; nous en avons déterminé l'étendue à une époque voisine de leur érection en vicomté. Le régime féodal amoindrit ou modifia ses droits de propriété. Par des concessions successives, les terres qui lui avaient appartenu en propre devinrent des fiefs vassaux (1). Il se forma autour de son château une ceinture de seigneuries qui se mouvaient sous sa dépendance et sa protection. La noblesse des environs se rangea sous sa bannière et reconnut sa suzeraineté. Dès lors, son petit Etat se trouva formé à l'image de la France. Le roi n'était que le premier seigneur du royaume ; de même le vicomte ne fut que le premier seigneur de sa vicomté. Il avait sur ses sujets les mêmes droits que le roi sur les siens. Son pouvoir avait aussi les mêmes limites.

Au xive siècle, les Etats provinciaux de la France représentaient le pays. Le souverain ne pouvait rien sans eux, car ils étaient les gardiens de la fortune publique, et les impôts ne se levaient que de leur consentement. Si la royauté tenta quelquefois de se passer de leur concours, elle fut ramenée par les événements à l'observation des règles que la féodalité avait établies ; de 1418 à 1451, elle s'adressa toujours aux assemblées provinciales quand elle eut besoin d'argent (2). C'est seulement au milieu du xve siècle que les attribu-

---

(1) *Pièces justif.*, n° I, p. 8.
(2) Antoine Thomas, *Les Etats provinciaux de la France centrale*, t. I, p. 70.

tions financières des Etats provinciaux du centre de la France (1) furent considérablement diminuées. Charles VII ordonna alors, de sa propre autorité, la levée de l'impôt et institua des Elus pour le répartir et en assurer le recouvrement. Le rôle de ces Etats fut ainsi annihilé ; ils perdaient leur raison d'être, le but même de leur institution étant le vote des subsides royaux et l'établissement du budget de la province. Ils ne devaient pas tarder à disparaître.

Les Etats de la vicomté de Turenne furent à l'abri de ces vicissitudes. D'origine féodale comme les Etats du royaume, leur organisation primitive fut seule modifiée lorsque le système de gouvernement changea. Nous avons vu que le clergé en fut éliminé et que la noblesse n'y conserva qu'un représentant unique. Mais leurs attributions politiques ne furent pas atteintes ; ils gardèrent jusqu'en 1738 leur omnipotence financière.

Comme pour les Etats du royaume, leur rôle principal est le vote annuel de l'impôt. Les revenus personnels du vicomte ne suffisant pas à l'entretien de sa maison et à l'administration de la vicomté, il demandait à ses sujets des *aides* en

---

(1) Pour les Etats de Languedoc, la mesure remonte à 1440. Voy. Ant. Thomas, *ubi supra*, p. 165.

argent. Il ne pouvait les fixer lui-même, ou du moins, s'il faisait connaître la somme qui lui était nécessaire pour équilibrer son budget, il ne pouvait l'imposer d'autorité ; il en sollicitait l'allocation. C'est le vote de ces aides et leur répartition sur les paroisses de la vicomté qui ont motivé les premières réunions des Etats de Turenne.

Nous verrons comment ce subside, motivé à l'origine par les dépenses que faisait le vicomte dans l'intérêt de ses sujets, variable suivant le temps et les circonstances, devint une subvention régulière, assimilable à une *liste civile*, perçue avec la même périodicité qu'une taille et toujours votée sans débat.

Les subsides ordinaires ne suffirent bientôt plus aux besoins du vicomte. Il sollicita des subventions extraordinaires, une sorte de taille aux quatre cas, des dons pour les membres de sa famille et pour quelques-uns de ses fonctionnaires. Ces demandes étaient soumises aux Etats qui avaient toute liberté pour les rejeter, mais qui, sauf de très rares exceptions, y faisaient droit.

Le paiement de la taille donnait souvent lieu à des difficultés. Il fallait intenter et suivre des procès contre les communautés et les contribuables qui refusaient l'impôt. De là des démarches, des voyages, des frais de toute sorte. Les Etats devaient pourvoir à cette charge, créer les ressources, augmenter les impôts (1).

Ils avaient aussi à assurer la viabilité des chemins publics qui traversaient la vicomté, à réparer ou reconstruire les ponts, les églises, les halles. Ils contribuaient, dans une certaine mesure, à l'entretien du château de Turenne. Ces dépenses grevaient le budget. Après avoir ordonné les travaux, les Etats en assuraient le paiement. Si les travaux avaient été commandés par le vicomte ou le procureur de ses domaines, ils en appréciaient l'utilité; et si la dépense leur paraissait justifiée, ils la prenaient en charge et la soldaient avec l'impôt.

La conservation des privilèges de la vicomté entraînait des frais considérables. Les Etats, très soucieux de leurs franchises, ne reculaient devant aucun sacrifice, votaient des gratifications au vicomte ou à ses fonctionnaires pour les indemniser des dépenses qu'ils avaient faites à cette occasion.

Plusieurs fonctionnaires étaient attachés aux Etats : le receveur des tailles, le greffier, le sergent. Il fallait payer leurs gages, leurs voyages, leurs frais de séjour dans les villes où se tenaient les sessions. Il fallait aussi rétribuer certains em-

---

(1) Cet article de dépense et ceux qui suivent ont un caractère administratif plutôt que politique. Nous les mentionnons ici afin de grouper dans le même alinéa les principales charges publiques auxquelles les Etats étaient tenus de pourvoir. De même, dans les chapitres suivants, nous avons été amené, par un motif identique, à traiter des diverses attributions des Etats sans adopter toujours l'ordre qu'imposait le classement par catégories que nous avons indiqué plus haut.

ployés qui préparaient les réunions, et allouer des rémunérations aux officiers du vicomte qui assistaient aux séances.

Quand les Etats se composaient de représentants des trois ordres, les fonctions des députés étaient absolument gratuites. Les cahiers de cette époque ne nous apprennent pas qu'il leur ait été payé des gages. Il n'en fut pas de même après la nouvelle organisation du milieu du XVIe siècle. Les consuls et les syndics, qui étaient envoyés aux Etats par les quatre villes limousines et les trois villes quercynoises de la vicomté, ne recevaient aucun salaire de leurs communautés. Nous avons vu que l'assemblée leur votait des gages et des indemnités, et remboursait les frais de voyage et de séjour de leurs adjoints et de leurs sergents.

Tous ces articles constituaient le budget des dépenses ordinaires et extraordinaires de la vicomté et faisaient l'objet des délibérations des Etats. Il faut reconnaître qu'à part quelques gratifications à un syndic général et à un commissaire du vicomte qui s'étaient mis en hostilité avec l'assemblée, ils ne furent l'occasion d'aucun débat. Les députés votaient, sans observation, les sommes demandées et quelquefois prenaient eux-mêmes généreusement l'initiative d'une allocation. Si la charge leur paraissait trop lourde, ils modéraient leurs dons, s'excusant de ne pouvoir faire mieux.

Les choses se passèrent ainsi régulièrement jusqu'à la cession de la vicomté à la Couronne. Le droit qu'avaient les Etats de voter l'impôt ne fut jamais mis en question ; les vicomtes le respectèrent en toute circonstance. Pourquoi auraient-ils tenté de l'usurper ? Les Etats leur étaient soumis, répondaient dans la mesure du possible à toutes leurs demandes d'argent et assuraient dans de bonnes conditions la perception des subsides. Les vicomtes s'en servaient comme d'un intermédiaire utile ; leur laissaient toute la responsabilité des mesures fiscales. Ils n'auraient eu aucun intérêt à supprimer un rouage administratif qui remplissait exactement son office.

Faut-il en conclure que les vicomtes renonçaient à toute perception de deniers dans les années où ils ne convoquaient pas les Etats ? Evidemment non. Leur train de maison ne s'arrêtait pas. Il fallait pourvoir périodiquement aux gages des officiers et à l'entretien du château, faire bonne figure à la cour et, pour cela, puiser à la caisse du trésorier. Après que les Etats eurent conclu avec le vicomte une sorte d'abonnement pour les dépenses ordinaires de la vicomté, s'il ne s'était produit aucune occasion de dépense extraordinaire, le vicomte chargeait son sénéchal ou le procureur de son domaine d'opérer la répartition de la taille d'après le taux fixé par la dernière assemblée. Les Etats n'étaient pas consultés. Mais il est à remarquer que ce mode de procéder était exceptionnel ; qu'on n'y avait recours que dans les cas d'absence prolongée du vicomte, et que les officiers chargés de la répartition ne créaient pas d'impôts nouveaux, se bornant à faire « l'assiette des tailles » précédemment votées.

C'est ainsi que le sénéchal François de Clavières, en 1647, le procureur du domaine Gédéon Andrieu, en 1648, le sénéchal, en 1649, firent procéder à la répartition des « tailles ordinaires », pendant que le vicomte était en voyage à Rome ou retenu à la cour (1). L'assiette était faite « de par Monseigneur et Messieurs des Etats du visconté de Turenne. » Il y avait dans cette formule une reconnaissance du droit des Etats.

Leurs attributions financières ne comprenaient pas seulement le vote des impôts. Il leur appartenait en outre d'autoriser les communautés à lever sur elles-mêmes des contributions spéciales pour leurs besoins particuliers (2). En cela leurs pouvoirs ressemblaient à ceux de nos assemblées législatives qui permettent aux conseils municipaux de s'imposer extraordinairement. Nous reviendrons, dans un chapitre à part, sur ces impositions extraordinaires des communautés.

---

(1) *Pièces justif.*, n° XXII.
(2) *Pièces justif.*, n°ˢ XXIV et XXX.

CHAPITRE II.

DES AIDES OU OCTROI ORDINAIRE AU VICOMTE.

Les aides constituent à l'origine la seule charge de la vicomté. — Leur nature. — Formule usitée pour réclamer ce subside. — C'est un don gracieux. — En apparence il est à la discrétion des Etats. — Il n'est pas périodique. — Son *quantum* est variable. — Vers 1575, les aides deviennent annuelles. — Les Etats contractent un abonnement. — Son insuffisance se manifeste bientôt. — Dons extraordinaires. — Progression successive du montant de l'abonnement. — Revenus du domaine du vicomte.

Le premier article que nous voyons inscrit sur les cahiers des Etats est l'*aide* ou *octroi ordinaire* au vicomte. Il constituait à l'origine la seule dépense à la charge de la vicomté. Lorsque l'assemblée en avait fixé le chiffre et déterminé la répartition, sa tâche financière était accomplie.

Comme le nom l'indique, les aides étaient une sorte de secours en argent que ses sujets fournissaient gratuitement au vicomte pour lui permettre de se rembourser des sommes qu'il avait employées dans un intérêt commun.

Nous trouvons dans le procès-verbal de la session de 1469 la formule usitée pour réclamer ces subsides : « Mondict seigneur le vicomte a faict remonstrer ausdicts nobles et autres sus-nommés (les membres des Etats), qu'il avoict heu ceste année grands charges et affaires » ; et après l'énumération de ces dépenses extraordinaires, il ajoute : « lesquelles ne pourroit bonnement supporter sans aulcune ayde, et pour ce requis et prie ausdicts nobles et autres dessus nommés que luy vouloissent aider à rembourser d'une partie desdictes mises (1). » La même formule se rencontre dans le cahier de 1486 ; le vicomte y donnait le détail des démarches qu'il avait faites dans l'intérêt du public pour la sauvegarde des privilèges, des sommes qu'il avait dépensées, des emprunts qu'il avait contractés, et demandait aux Etats « qu'ils voulussent avoir regard et le rembourser et récompenser desdites mises ou partie d'icelles (2). »

Il est clair que la vicomté ne doit rien au vicomte. Si les Etats accueillent favorablement sa requête et lui allouent, en tout ou en partie, les sommes demandées, c'est d'une manière gracieuse

---

(1) *Pièces justif.*, n° VIII.
(2) *Pièces justif.*, n° VII.

et bénévole, sans y être autrement tenus que par la reconnaissance des services rendus. Ils ont soin de le dire et de le répéter dans chacune de leurs délibérations. En 1486, ils remerciaient le vicomte « de la peine qu'il avoit prinse et de la mise qu'il avoit faicte pour ladite vicomté » et « vouloyent bien relever ledit seigneur le vicomte d'une partie desdites mises (1). » Pour que leur allocation ne ressemble pas au paiement d'une dette, ils affectent de la présenter sous la forme d'un *octroi* ou d'un *don*. Ils veulent être agréables à leur seigneur et le « secourir à ses affaires. »

Le vote de l'impôt était donc, en apparence tout au moins, à la discrétion des Etats. Comme conséquence logique, l'octroi fait au vicomte n'avait, en principe, aucun caractère de périodicité. Chaque année, le vicomte exposait ses besoins et sollicitait des subsides ; la somme qu'il demandait variait suivant les circonstances. Il pouvait n'avoir droit à aucune allocation s'il n'avait fait aucune avance de fonds dans l'intérêt de la vicomté. Les Etats statuaient sur la réclamation qui leur était produite, sans jamais engager l'avenir. Ils réservaient leur liberté pour l'année suivante en disant que leur vote ne devait pas tirer à conséquence ni être invoqué contre eux comme un précédent.

---

(1) *Pièces justif.*, n° VII.

Leur don était « pur gratuit et sans que le pays soit tenu par aucune nécessité de rante, taille ou subvention annuelle (1). »

En 1469, le don des Etats de Limousin s'élevait à mille livres tournois, payables par moitié en deux années, sans compter une somme de deux cent cinquante livres tournois offerte au fils du vicomte (2). En 1486, il atteignait la somme de cinq mille francs, qui devaient être payés dans quatre années par pactes de douze cent cinquante francs (3). L'année précédente, les Etats du Quercy avaient fixé leur contribution à mille livres tournois (4).

Bientôt, les demandes de subsides se renouvelèrent tous les ans et les réunions d'Etats devinrent périodiques. Le montant du don gratuit, variable au début, devint fixe vers 1575. Il se fit comme une sorte d'abonnement entre le vicomte et les Etats. L'allocation conserva son titre d'octroi, mais le vicomte n'avait pas besoin de la demander et de la justifier par des dépenses extraordinaires. Elle était votée sans difficulté.

Le cahier des Etats tenus à Meyssac, pour le Limousin, en 1576, nous apprend que « le princi-

---

(1) *Pièces justif.*, n° XVIII.
(2) *Pièces justif.*, n° VIII.
(3) *Pièces justif.*, n° VII.
(4) *Pièces justif.*, n° VIII.

pal qui est l'octroy faict à Monseigneur le vicomte » s'élevait alors à mille écus. Ce « principal » comprenait tous les accessoires, car le vicomte était tenu de solder les frais de la réunion et les gages des fonctionnaires et des députés. Il ne touchait pour lui que deux mille trois cents livres quarante-six sols, et « à cause du peu de despense qui a été faicte » en cette année, l'octroi s'est trouvé réduit à deux mille quatre cent huit livres dix sols tournois (1). Les vicomtins bénéficiaient seuls des économies réalisées par l'assemblée. Le don revenant net au vicomte était encore de deux mille trois cents livres en 1578 (2) et en 1579 (3). Pendant la même période, les Etats de Quercy lui allouaient sur leur province une somme de huit cent cinquante livres, franche de tous frais (4). Les subsides qu'il recevait des deux assemblées formaient donc, au total, une pension annuelle de trois mille cent cinquante livres tournois.

A la fin du xvi° ou au commencement du xvii° siècle, l'abonnement est porté à neuf mille livres, payables six milles livres par le Limousin et trois mille livres par le Quercy (5). Il est désigné assez

---

(1) *Pièces justif.*, n° IX.
(2) *Pièces justif.*, n° XI.
(3) *Pièces justif.*, n° XIII.
(4) Etats de Quercy de 1579, *Pièces justif.*, n° XII.
(5) *Pièces justif.*, n°ˢ XIV, XVI, XIX ; voy. aussi les Etats ordinaires du Limousin tenus à Turenne, le 22 juin 1637 (Arch. nat., R² 493).

souvent dans les cahiers sous le nom de « denier ordinaire des tailles. »

L'accroissement du denier ordinaire n'empêcha que pour un temps bien court les demandes de subsides supplémentaires. Ces demandes devenaient chaque année plus pressantes. En 1634, le budget extraordinaire des dépenses dépassait de près d'un tiers le budget ordinaire; le vicomte recevait, en outre de la taille habituelle, un cadeau de huit mille six cents livres. Il était évident que l'abonnement conclu depuis plus de trente-cinq années ne répondait pas aux besoins actuels du vicomte; il en fallait réviser le tarif. Les parties intéressées se mirent d'accord en 1642. Entre le vicomte et les Etats composés exceptionnellement de députés de toutes les villes et paroisses de la vicomté, il intervint un traité, aux termes duquel, au lieu de neuf mille livres « à quoi la taille ordinaire avait esté abonnée dans l'autre siècle, et pour supplément de laquelle ils luy faisaient de tems en tems des présens extraordinaires, comme il est marqué dans ce même concordat, ils luy payeroient annuellement trente-quatre mille livres de taille ordinaire, scavoir vingt et un mil'e livres pour la partie qui est dans le Limousin, et treize mille livres pour celle qui est dans le Quercy (1). »

---

(1) Arch. nat., R² 494.

Si les États avaient cru, par cette augmentation du don ordinaire, supprimer les dons extraordinaires, ils s'étaient absolument mépris. Dès l'année 1647, ils recommencent à faire des cadeaux au vicomte (1), et les gratifications supplémentaires atteignent, en 1655, jusqu'à sept mille cinq cents livres pour la part du Querey (2). En 1703, ces gratifications votées par l'assemblée générale, pour les divers membres de la famille de Turenne, s'élèvent, sans compter l'octroi ordinaire, à la somme de vingt-deux mille livres.

Aux dons extraordinaires, qui devenaient chaque année plus importants, au produit de l'abonnement de la taille, qui était de trente quatre mille livres depuis 1642, s'ajoutaient les revenus du domaine et le rendement des droits seigneuriaux de toute nature. Nous savons qu'en 1694 les revenus du domaine étaient affermés vingt-quatre mille livres (3). Dans le bail n'étaient pas compris certains droits seigneuriaux et, entre autres, les droits de justice qui, avec leurs accessoires du timbre et du contrôle, augmentaient dans une mesure très sensible les recettes du vicomte.

Les finances de la petite souveraineté de Turenne continuèrent à être régies sur ces bases jusqu'à la cession de 1738.

---

(1) *Pièces justif.,* n°s XXII et XXIII.
(2) *Pièces justif.,* n° XXIV.
(3) *Pièces justif.,* n° XXVIII.

CHAPITRE III.

LES DONS EXTRAORDINAIRES.

Fréquence des demandes extraordinaires de subsides. — Elles deviennent annuelles. — Leur importance est variable. — Leurs causes à l'origine. — Rémunération de services publics. — Dons aux vicomtes. — Faveurs achetées. — Remboursement des dépenses faites par le vicomte. — Défense des privilèges. — Dons gracieux. — Achat d'un cheval. — Formules respectueuses adoptées par les donateurs. — Augmentation successive du montant des dons extraordinaires. — Cadeaux aux membres de la famille du vicomte. — Ces dons ne sont pas toujours spontanés. — Les désirs du vicomte sont officieusement communiqués aux Etats. — Formule d'une lettre de sollicitation.

Lorsque les Etats allouèrent au vicomte, vers 1575, une subvention périodique et fixe, ils crurent, sans doute, s'exonérer du paiement de tout subside extraordinaire. Nous savons qu'il n'en fut pas ainsi. Les besoins et les dépenses allaient toujours en augmentant. Malgré l'accroissement successif du taux de la taille, il se produisait, chaque année, des demandes d'argent imprévues. Le budget extraordinaire devint, en conséquence, une charge normale de la vicomté, ne se distinguant du budget ordinaire que parce que les articles qui le constituaient étaient essentiellement variés quant à leur nature et à leur importance.

Dans les premiers temps, les dépenses supplémentaires n'étaient pas considérables; elles consistaient en des rémunérations accordées aux personnages qui s'étaient utilement employés, depuis la précédente session, pour les affaires du pays. En 1578, les Etats du Limousin payent quarante livres au seigneur de Romaury « pour récompense de ses peines et vacacions », quarante-cinq livres à de Villemontes, qui avait été chargé d'une mission à Nérac, cent vingt-cinq livres pour les frais d'une instance devant le Conseil privé. L'état extraordinaire ne dépasse pas, cette année, la somme de trois cent soixante-quatorze livres cinq sols (1).

S'il est un peu plus élevé en 1579, cela tient à divers procès en cours, qui motivent une dépense de deux cent vingt-sept livres. Les autres articles diffèrent peu, et le total monte à quatre cent cinquante-trois livres dix sols. Le sénéchal, le procureur, le greffier, quelques autres fonctionnaires

---

(1) *Pièces justif.*, n° XI.

et employés reçoivent des gratifications; mais le vicomte ne touche, pour lui ou les membres de sa famille, aucun supplément de subsides. Il doit se contenter de l'octroi de trois mille livres qui lui a été fait dans le budget ordinaire (1).

C'est en 1634 que nous trouvons la mention du premier don extraordinaire fait au vicomte de Turenne. Voici dans quelles circonstances se produisit cette innovation. Elisabeth de Nassau, qui administrait la vicomté en l'absence de son fils, avait ordonné la levée d'un droit de francs fiefs. Les Etats de Limousin avaient formé opposition à cette ordonnance et s'étaient servi, dans leur acte, de « termes peu respectueux et esloignés de la défférance que les subjects doibvent et qu'ils avoient tousjours accoustumé de rendre à Son Excellence en semblable occasion ». La duchesse douairière de Bouillon avait été « scandalisée » par ce manque d'égards et avait chargé Gédéon de Vassinhac de transmettre ses protestations aux Etats. Ce qui fut fait. Les députés se confondirent en excuses, affirmèrent leur « très humble obéissance..... avec toute sorte de dévotion et de submission », déclarant que si dans leur opposition il s'est « coulé quelques termes qui aient pu donner quelque mécontentement à son Excellence, ils en

---

(1) *Pièces justif.*, n° XIII.

sont très dolens et maris » ; ils résolurent enfin d'envoyer à Elisabeth de Nassau des délégués qui auraient la mission de lui exposer très respectueusement leurs plaintes et de la prier de ne pas les « despouiller de leurs droits, exemptions et franchises ». Et pour que les délégués « puissent s'en aller avec quelque dessence devers Madame la Duchesse et lui donner quelque tesmoignage des bonnes volontés du païs », l'assemblée décida qu'ils lui porteraient un cadeau de huit mille six cens livres (1). C'était peut-être acheter à chers deniers le retrait de l'ordonnance ; mais l'important était de sauvegarder les franchises et d'éviter un précédent qui aurait pu, dans la suite, être invoqué contre les vicomtins.

La même année, les membres des Etats de Quercy, réunis à Martel, formaient opposition à l'ordonnance relative à la levée du droit de francs fiefs, votaient la somme de deux mille cinq cents livres « de don fait à Monseigneur pur gratuit, » à la charge par le vicomte de les maintenir « par expres en l'immunité de ne payer de droict de francs fiefs, de laquelle les habitans dudit visconté ont jouy jusques à présent et qui est un des articles principaux des privilèges dudit païs. » Pour être plus sûrs d'obtenir les bonnes grâces du vi-

---

(1) *Pièces justif.*, n° XVII.

comte, ils lui exprimaient la joie que leur avait causé son récent mariage, appelaient sur lui les bénédictions du ciel, et lui allouaient une somme de douze cents livres « par forme de congratulation (1). »

Le roi venait de grever la ville de Martel d'une imposition assez lourde, et les ducs d'Epernon et de La Valette avaient ordonné des levées de rations sur le pays. Rien ne paraissait plus contraire aux franchises des vicomtins. Aussi voulaient-ils s'exempter de ces charges. Ils comprenaient que le concours du vicomte leur serait précieux en cette circonstance et ils l'achetaient au prix d'un nouveau don de neuf cents livres (2).

En somme ces cadeaux n'étaient pas très désintéressés ; en les faisant, les Etats avaient surtout pour but de défendre leurs privilèges. Il y avait plus de générosité dans la gratification de quatre cents livres qu'ils accordaient, en 1643, au vicomte, pour le défrayer de la dépense qu'il avait faite en venant en personne présider la session de Martel (3). Les Etats de Limousin, réunis à Argentat quelques jours auparavant, lui avaient alloué une égale indemnité pour la même cause (4).

Ses fonctions de maréchal de France le rete-

---

(1) *Pièces justif.*, n° XVIII.
(2) *Pièces justif.*, n° XIX.
(3) *Pièces justif.*, n° XX.
(4) Archives nationales, R² 494.

naient, en 1647, à la tête de l'armée royale en Allemagne. Pendant son absence, les Etats n'eurent pas de réunion régulière; ils votèrent cependant un impôt extraordinaire pour lui acheter un cheval et le lui envoyer. Le cheval et sa conduite coûtèrent trois mille livres, qui furent payées un tiers par le Quercy et deux tiers par le Limousin (1).

En 1655, l'octroi ordinaire était de treize mille livres pour la partie quercinoise de la vicomté. Cette charge était lourde. Les Etats de Saint-Céré n'en allouèrent pas moins à la princesse Eléonore de Bergh, duchesse de Bouillon, tutrice du jeune vicomte Frédéric-Maurice de La Tour, une somme supplémentaire de sept mille cinq cents livres, « pour tesmoigner à Madame le zèle qu'ils ont au bien de son service et pour secourir la nécessité de ses affaires (2). » Le don n'avait, cette fois, aucune cause déterminée; la duchesse avait la faculté de l'employer à son gré. Il est vrai que les Etats étaient à cette époque en lutte ouverte avec le syndic général de Tersac, qu'ils contestaient son droit de vote et même son droit d'entrée aux séances, et qu'ils voulaient prouver à la duchesse de Bouillon que leurs protestations contre le syndic général n'atteignaient pas le vicomte dont ils appréciaient la bienveillance et l'auguste

---

(1) *Pièces justif.*, n° XXII.
(2) *Pièces justif.*, n° XXIV.

protection, demeurant « tousjours dans une entière submission à ses ordres et dans de véritables rescentimens de la bonté qu'il luy plaist leur tesmoigner en toute sorte d'occasions. »

Le don extraordinaire voté en 1663 par les Etats de Quercy est moins important, il s'élève seulement à deux cents livres; mais il est dit, dans le cahier, que cette somme sera « employée à la discrétion de son Altesse et ainsi que bon lui semblera pour la présente année (1). »

Ils offrent, en 1676, un cadeau de deux mille livres à la duchesse de Bouillon, pour la remercier de ses bontés, « ayant bien de la confusion » de ne pouvoir lui témoigner plus généreusement leur reconnaissance (2). Dans la même session, ils allouent une rémunération de six cents livres à Jean-Baptiste Bafoil, secrétaire général du vicomte, et trois cents livres à sa femme. Les bons offices du secrétaire avaient leur prix; il était d'une sage administration de se les ménager.

Ces gratifications, qui avaient à l'origine un caractère tout à fait exceptionnel, deviennent d'année en année plus nombreuses et plus importantes. En 1695, les Etats de Limousin, qui allouent trois mille livres à Madame, dix-huit cents livres au duc d'Albret et seize cents livres à Mademoi-

---

(1) *Pièces justif.*, nº XXVI.
(2) *Pièces justif.*, nº XXVII.

selle de Bouillon, s'excusent de donner aussi peu ; ils « recongnessent que ces dons sont très modiques eu esgard à l'élévation et au mérite éminent de leurs Altesses, et si les forces de ce païs, disent-ils, pouvoient permettre qu'on portât ces dons plus loin, ce seroit avec beaucoup de joie que les gens desdicts Estats auroient offert à leurs dites Altesses de plus grandes sommes (1). » Ils ne négligeaient pas de récompenser les hauts fonctionnaires de la vicomté : le gouverneur recevait quinze cents livres, le secrétaire général cinq cents.

L'assemblée générale tenue à Argentat en 1703 dépassa en générosité tout ce qui avait été fait jusqu'à cette époque. En outre des trente-deux mille livres accordées au vicomte, elle donna à la duchesse de Bouillon trois mille livres « comme un très petit hommage de respect et de recognoissance », au duc d'Albret quinze mille livres, cadeau « que l'état du païs ne permet pas de luy faire plus grand », à la duchesse d'Albret deux mille livres « pour un tesmoignage tel que le païs est en état de luy donner de son respect et de sa soumission », à Madame de Bouillon deux mille livres « pour luy marquer aussi ses sentimens de respect et de soumission (2) ». La maison de Turenne n'avait pas à se plaindre ;

---

(1) *Pièces justif.*, n° XXIX.
(2) *Pièces justif.*, n° XXX.

elle touchait, cette année, cinquante-quatre mille livres.

Après avoir voté pour le vicomte une somme de trente mille livres, les Etats de Quercy de 1722, « désirant de tesmoigner à son Altesse, Madame la duchesse de Bouillon, le très profond respect dont ils sont pénétrés pour elle, et mériter l'honneur de sa protection, la supplient très humblement d'accepter un présent de deux mille cinq cents livres, faschés quant à présent de ne pouvoir lui en faire un plus considérable. » C'est avec la même formule de politesse qu'ils offrent deux mille livres au prince de Turenne et mille livres au comte d'Auvergne (1).

Ces dons extraordinaires n'étaient pas toujours spontanés. Le vicomte savait adroitement les solliciter. Le président des Etats, les officiers qui l'assistaient étaient chargés de faire pressentir aux députés les besoins et les désirs du vicomte. Une note officieuse était envoyée à cet effet au président et passait de main en main. En voici une qui émane sans doute de Renaudin, secrétaire du duc d'Albret :

« M. le duc d'Albret doit espérer que Mss^{rs} les vicomtins embrasseront avec joye l'occasion qu'ils ont de luy donner à luy des marques de leur recon-

---

(1) *Pièces justif.*, n° XXXIV.

noissance par un présent convenable aux services qu'il leur a rendus et aux besoins qu'il en a ; qu'ils doivent se souvenir qu'en 1696 il refusa le présent qu'on luy voulut faire qui estoit de trois ou quatre mil pistolles parceque pour lors il n'en avoit pas de besoin, mais qu'a présent la scituation est telle qu'ils ne peuvent jamais luy faire de present ny plus a propos ny dans un tems ou il en puisse estre plus vivement touché de reconnoissance. Il a beaucoup de debtes, nombre d'enfans a present et 20 mil livres de rente seulement de sa maison, ce qui le met hors d'estat de pouvoir subsister selon sa dignité et son rang s'il n'est secouru. Quelle gloire et quelle satisfaction ne seroit point à Mss^{rs} les vicomtins de tirer Monsieur le duc d'Albret qui les ayme d'un tel embaras; avec le cœur qu'ils luy connoissent et la grande amitié qu'il a pour eux que ne devroient ils point attendre de luy après un pareil service; qu'ils en jugent par ce qu'il a fait par le passé (1). »

La note ne porte ni date ni signature; elle dût être écrite par le secrétaire du duc d'Albret quelques jours avant la session d'Argentat, en 1703, et détermina le vote des dons extraordinaires de vingt-deux mille livres, qui furent faits, cette année là, aux membres de la famille de Turenne.

---

(1) Archives nationales, R^2 494.

CHAPITRE IV.

LA CAPITATION ET LES TAXES ROYALES.

Les vicomtins ne payent pas de subsides aux rois de France. — Leur exemption est plus apparente que réelle. — Les vicomtes achètent le retrait des ordonnances royales d'imposition. — Les Etats fournissent l'argent aux vicomtes. — Emprunt de 1637. — Le roi veut assujétir la vicomté à la capitation. — Résistance des communautés. — Factions et cabales. — Le duc d'Albret entreprend un voyage de pacification. — Le plan de sa conduite et le thème de ses discours sont arrêtés par son père. — Propositions d'arrangement. — Passage de Louis XIII à Brive. — Les Etats lui envoient leurs vœux. — Ils font un cadeau à son lieutenant général.

Les membres de la famille et de la maison du vicomte n'étaient pas seuls à profiter de la libéralité des Etats. Le roi de France y trouvait parfois son compte. Non pas que les vicomtins aient jamais reconnu être ses tributaires. Leurs représentants aux Etats, le vicomte lui-même, ne manquaient aucune occasion d'affirmer leur indépendance. Ils avaient montré qu'ils n'étaient nullement disposés à sacrifier leurs franchises, lorsque, le 9 février 1469, Jean Brossard, bourgeois de Tulle, élu, et Guillaume Goignon, receveur pour le roi, se présentèrent aux Etats, disant qu'ils étaient chargés d'imposer sur la vicomté une quote-part de l'équivalent pour le paiement des gens de guerre et les frais de translation du parlement de Bordeaux à Poitiers, s'élevant à la somme de quatorze mille livres tournois : le vicomte, de l'avis des Etats, refusa le paiement (1). Ils s'opposaient avec énergie aux levées des subsides royaux et protestaient contre les réclamations des élus. Leur résistance avait été efficace. Ils avaient épargné au pays la charge des contributions de guerre, les exactions des traitants ; ils étaient restés les maîtres chez eux.

Mais ces franchises qu'ils défendaient avec la plus grande opiniâtreté, n'étaient-elles pas plus apparentes que réelles ? Le vicomte n'obtenait, le plus souvent, la confirmation de ses privilèges et le retrait des ordonnances d'imposition qu'en les payant au roi ; et les sommes qu'il employait à cet usage, c'étaient les Etats qui, pour la majeure

---

(1) Recueil des Assises, *Pièces justif.*, n° VIII. Notre copie de ce document fixe à quatorze cent mille livres tournois la quote-part de l'équivalent que les élus voulaient imposer sur la vicomté ; il nous paraît évident qu'il y a là une erreur, et que cette quote-part ne devait être que de quatorze mille livres, somme très considérable pour l'époque.

partie, les lui allouaient. Nous avons déjà vu que le roi ayant ordonné la levée d'un emprunt de huit mille livres sur la ville de Martel et des rations sur les paroisses quercinoises de la vicomté, les Etats de 1637 firent au vicomte un cadeau de neuf cents livres « sous l'espérance qu'on avoit que mondit seigneur de Turenne procureroit envers sa majesté la révocation » de ces impôts (1).

En 1696, la situation était plus grave. Le roi voulait assujétir la vicomté à la capitation générale. Les syndics des paroisses s'émurent, firent entendre leurs doléances, se refusèrent à l'établissement de cette charge nouvelle. Le jeune duc d'Albret, Emmanuel-Théodose de La Tour, qui venait de recevoir la vicomté en donation, comprenait que le rachat de cet emprunt allait lui coûter les plus lourds sacrifices. Il espérait que ses sujets ne l'abandonneraient pas en cette circonstance et comptait sur leur aide. Mais il eut été difficile de traiter par correspondance ou par l'intermédiaire de son gouverneur une affaire si importante, qui avait à un haut degré surexcité les esprits. Il s'était formé dans sa principauté des « factions et des cabales » ; on avait entendu des « discours séditieux et injurieux » ; le duc de Noailles était accusé de fomenter des troubles. La pré-

---

(1) *Pièces justif.*, n° XIX.

sence du duc d'Albret était indispensable. Ses conseils le poussaient à entreprendre un voyage de pacification ; le duc de Bouillon, son père, acheva de le décider. Il partit pour sa vicomté.

Sa tâche était des plus délicates. Aussi dans les démarches qu'il avait à faire, rien ne fut laissé à son inspiration. Son père eut le soin de lui tracer en détail la conduite qu'il fallait tenir et d'arrêter le thème et les principaux développements des discours qu'il devait prononcer.

Le principal était d'abord d'imposer à tous son autorité, et pour cela une série de mesures était indiquée : réception officielle au son du canon et des cloches, ordre aux consuls de le venir trouver sur le champ, garnison mise chez le greffier, réunion du corps de ville.

Le discours qu'il doit adresser aux consuls est plein de menaces pour les factieux et plein des meilleures assurances pour « les gens de bien ». Il saura punir les auteurs du tumulte et faire grâce aux égarés (1). Il dit à ces derniers qu'en « rentrant dans leur devoir, ils peuvent s'assurer de recevoir de lui toutes les marques de bonté, de douceur et même de libéralité qu'ils peuvent désirer ; qu'il veut s'appliquer à rendre

---

(1) Dès le mois d'avril 1696, des mesures énergiques avaient été prises contre les gentilshommes signalés par leur opposition. Voy. *Pièces justif.*, nº XXXIX.

les peuples heureux et procurer dans le païs la tranquillité et l'abondance, et à gagner le cœur, et qu'il est seur qu'aussitôt qu'ils auront gousté son gouvernement ils s'en loueront, et qu'ils s'attacheront à luy autant qu'ils l'aient été à aucuns de ses ancêtres. »

Pour gagner à sa cause les membres du clergé, il leur fera « des honestetés et des caresses » et « quelques libéralités aux religieux. » Il les chargera d'annoncer qu'il veut le soulagement du peuple « sur la capitation et entrer dans tels tempéramens qu'on jugera raisonnables. »

Une instruction sera ouverte contre les meneurs. « S'ils se soumettent et demandent pardon, il sera bon, après l'avoir un peu fait demander, de l'accorder, à moins qu'on ne pust leur faire quitter le pays. »

Le duc d'Albret visitera ainsi successivement deux ou trois villes principales de sa vicomté, exprimera beaucoup de louanges et fera beaucoup de caresses aux consuls et habitants des villes qui sont restées fidèles. « Il faut de la dépense et du faste dans ce voyage et tenir table. »

Dès qu'il verra les esprits un peu apaisés, il réunira les Etats de Quercy et ceux de Limousin séparément, « et ensuite, quand tout sera bien calme et bien seur », il convoquera une assemblée générale, composée de tous les syndics des paroisses et des représentants des gentilhommes des deux provinces. Alors ces députés désavoueront ce qui aura été fait au mépris de l'autorité du vicomte, prieront le duc d'Albret de leur pardonner et « ordonneront l'imposition de la capitation au proffit du Roy. »

Le duc de Bouillon prévoyait bien que son fils soulèverait les plus vives récriminations lorsqu'il aborderait devant l'assemblée cet article de la capitation. Aussi quelle prudence et quelle habileté dans son projet de discours ! Le duc d'Albret rappellera aux députés les grâces et les faveurs qu'ils ont reçues de son père, et les sentiments de reconnaissance qu'ils n'ont cessé de lui témoigner. Comment se peut-il qu'après tant de marques d'affection quelques-uns d'entre eux se soient montrés si injustes et aient « pris prétexte pour cela d'une capitation qui n'est point pour lui mais pour le Roy, qui n'est point de son fait ny de M. son père, mais du fait du Roy notre souverain qui a été obligé de l'imposer sur tous ses sujets pour les besoins pressans de l'Etat ; d'une capitation qui ne doit durer qu'autant que la guerre présente durera et qui n'est qu'une charge passagère. » Après tout, le duc de Bouillon pouvait-il les exempter de cette capitation, alors que nul n'en est affranchi dans le royaume ? Cet impôt extraordinaire ne porte aucune atteinte à leurs privilèges, puisque tous les exempts le payent, aussi bien les bourgeois des villes franches que les gentilshommes et les princes. La défense de l'Etat exige ce sacrifice. Personne, en France, ne peut s'y soustraire. Ils n'auraient pas songé eux-mêmes à protester s'ils n'y avaient été entraînés par les « gens mal intentionnés qui ont excité cet orage et qui lui sont bien connus. »

Il ajoutait que le roi, ayant besoin de cet argent, aurait déjà envoyé son intendant pour faire la taxe d'autorité, si l'intercession de son père n'avait « suspendu et différé ce coup qui, par les suites, seroit d'une périlleuse conséquence pour les franchises du païs. » N'ayant pu les décharger entièrement de cette capitation, il consent à en partager le poids avec eux. Qu'ils fissent des propositions raisonnables, et ils recevront toutes sortes de satisfactions! « Il n'en veut point à leur bien, dit-il, mais à leurs cœurs qu'il regarde comme un bien héréditaire dans la maison. » On pourrait « doubler le nombre des années pendant lesquelles le don extraordinaire devoit estre païé », et, si cet arrangement ne convient pas, les Etats pourraient lui voter une indemnité qui lui permettrait de prendre à sa charge le paiement de la capitation (1).

D'autres affaires appelaient encore le duc d'Al-

---

(1) Pour toute cette affaire de la capitation, voir le *Mémoire pour le voyage du duc d'Albret, Pièces justif.*, n° IV.

bret dans sa vicomté ; mais cette question de la capitation les primait toutes. On vient de voir quelles instructions précises il avait reçues à son occasion. Les cahiers que nous avons consultés ne font aucune mention de l'intervention du jeune vicomte ; nous ne savons pas quel fut le résultat de son voyage. Mais les Etats étaient trop soucieux du maintien de leurs franchises pour se reconnaître débiteurs directs de la capitation. S'il a fallu payer cet impôt au roi, ils ont dû le faire indirectement, par le vote d'un don extraordinaire au vicomte qui seul en demeurait chargé (1).

Ils ne voulaient laisser dans leurs cahiers aucune trace de levée des subsides royaux. Le vicomte payait le roi et les Etats récompensaient le vicomte. En réalité, c'était la vicomté qui payait l'imposition ; mais les apparences étaient sauves.

Très rigoureux lorsqu'il fallait repousser l'ingérence du roi en matière fiscale, les Etats étaient pleins de déférence quand il s'agissait seulement d'honorer le souverain du royaume. En 1633, Louis XIII, traversant le Bas-Limousin, s'arrêta à Brive. Il y fut reçu en grande pompe (2). Les Etats de Turenne chargèrent le gouverneur de la

---

(1) Les Etats de 1703 ont fait au duc d'Albret un don de 15,000 ll. ; c'était peut-être un des derniers paiements ou le paiement total de l'indemnité pour la capitation.
(2) Marvaud, *Hist. du Bas-Limousin*, t. II, p. 394.

vicomté de présenter leurs vœux et leurs hommages au roi de France. Hélie de Pompadour était à cette époque lieutenant général du roi pour le Haut et le Bas-Limousin (1) ; il accompagnait son souverain dans le voyage. C'était un personnage de marque, dont l'influence était considérable et qui exerçait son autorité sur les confins mêmes de la vicomté (2). En contact journalier avec ses officiers, les Etats avaient le plus grand intérêt à gagner ses bonnes grâces. Ils lui firent présent

---

(1) Nadaud, *Nobiliaire du Diocèse de Limoges*, t. II, p. 419.

(2) La ville de Brive, qui était sous l'autorité directe du seigneur de Pompadour, ne manquait pas de lui offrir son service. Nous avons trouvé dans le *fonds de Bouillon* aux Archives nationales, ce curieux document, qui relate « la révérance » faite en 1633, par les officiers municipaux et notables de Brive, à madame de Pompadour, en l'absence de son mari :

« Aujourdhuy dix-septiesme du mois d'avril mil six cent trante trois, à Brive et dans la maison commune dicelle, y estant assemblés messieurs Mes Estienne de Vielbans conseiller du Roy, Pierre Nouvillars advocat ez parlement, Bertrand Latreille juge de Lissac et François Anthinas bourgeois consuls barons et conseigneurs de ladite ville assistans avecq eux mess^{res} François Dumas président et lieutenant général, Pierre de Mailber conseiller du Roy lieutenant particulier assesseur, Jacques Defieux conseiller du Roy, Hugues Montmaur conseigneur esleu, Léonard Saige, recepveur du Roy, Jean de Bonnard (?) advocat, Jean Coignat advocat, Dominique Geoufre juge de la ville, Barthelemy de Geraud président en l'élection, Pierre de Vielbans sieur des Poumiers, Jean Scot procureur, François Bonet procureur, Léonard Conchard procureur, Jean Anthinas procureur et François Regis et Dominique Ligonat procureurs et scindics de lad. ville;

» A esté proposé par lesdicts sieurs consuls qu'ils prient les susnommés leur donner advis s'ils doivent aller faire la reverance à madame de Pompadour et luy offrir le service de la ville,

» Comme de mesme représentent lesdicts sieurs consuls que ceux de Malemort se sont plains de ce qu'ils payent la gabele en la presente ville et qu'ils n'en doivent point payer, aussy demandent advis de ce ;

» A esté arresté par les susnommés que l'un desdits sieurs consuls accompaigné de quelques habitans de la ville tel qu'il plaira à

d'un fusil. Le cahier extraordinaire de 1634 mentionne une imposition de « la somme de cent cinquante livres pour les frais que M. de Vassinhac feust obligé de faire à Brive lors du passage du roy ou pour l'achat d'un fuzil qui feust donné de la part du païs à monsieur de Pompadour (1). » Cette manifestation en l'honneur du roi et de son représentant dans le Limousin est la seule que les procès-verbaux des Etats de la vicomté aient enregistrée.

---

iceux iront au lieu de Pompadour pour faire la reverance a madame et luy offrir le service que la ville doit à monsieur de Pompadour et à elle et faire les mesmes offres audit seigneur lorsqu'il sera de retour de la cour.

» De mesme a esté arresté en ce qui concerne ceux de Malemort que lesdits sieurs consuls se tiendront dans leurs pocessions.

» Ainsi signé : Vielbans consul, de Nouvillars consul, Latreille consul, Anthinas consul, de Mailher, Montmaur, Bonet. » (Arch. nat. : *Papier des princes*, R² 484).

(1) *Pièces justif.*, n° XVII.

CHAPITRE V.

LA CONSERVATION DES PRIVILÈGES.

Les Etats veillent à la conservation des privilèges de la vicomté. — Leurs démarches. — Leurs mandataires. — Justel. — Ses missions en 1634, 1637 et 1643. — De Tersac. — Gratifications allouées. — Initiative des communautés. — Le régiment de Vendôme à Gagnac. — Les syndics négocient son départ. — Rémunération accordée par les Etats à la communauté de Gagnac. — Allocations aux consuls et aux syndics des trois villes du Quercy. — Cadeau fait à M. de Sireuil.

Une des principales préoccupations des Etats était le maintien des privilèges et franchises de la vicomté. Toutes les fois que cela paraissait utile, ils invitaient le vicomte à en obtenir la confirmation ; nous savons qu'ils ne lui ménageaient pas les dons extraordinaires pour l'indemniser des dépenses qu'il faisait à cette occasion. Quelques fois ils prenaient eux-mêmes l'initiative de démarches dans ce but auprès du roi de France et de ses conseils. Pour présenter leurs requêtes et les soutenir, ils employaient des fonctionnaires du vicomté, gens compétents et haut placés, accrédités à la cour, dévoués à leurs intérêts, et leur allouaient sur les fonds du pays des indemnités et des gratifications.

Le généalogiste Justel, conseiller et secrétaire du roi, fut un de leurs mandataires. Il occupait auprès de Henri de La Tour les fonctions de secrétaire intime. A la mort de ce personnage, il devint intendant de la maison de sa veuve, Elizabeth de Nassau, poste qu'il occupa sous Frédéric-Maurice, fils et successeur de Henri de La Tour. Comme il était naturellement porté vers les études historiques, cette situation, qui lui ouvrait les archives d'une des plus puissantes familles de France, le détermina à publier en 1633 le *Discours du duché de Bouillon et du rang que les ducs de Bouillon ont en France* (1), et plus tard, en 1645, la savante et précieuse *Histoire généalogique de la Maison de Turenne*. Peut-être ne fut-il pas étranger à la composition du *Recueil des Libertez, Franchises du vicomté de Turenne*, qui fut imprimé à Paris en 1658. Ce qui est certain, c'est qu'il avait compulsé le trésor des chartes de la vicomté, en connaissait mieux que personne les

---

(1) Un vol. in-f°.

documents, et pouvait être très utilement employé dans toutes les affaires relatives à la conservation des privilèges.

Aussi, les députés l'avaient-ils choisi pour correspondant et mandataire à Paris. Le cahier des Etats extraordinaires de Limousin en 1634 nous fait connaître, dans le passage suivant, la mission qu'ils lui avaient confiée et le chiffre de la gratification qu'ils lui allouaient : « Ladite assemblée ayant considéré les grands soins que M. Justel a eus de faire confirmer de nouveau les privilèges du viscomté et qu'il est à présent encore sur le poinct de les faire vérifier en la chambre des comptes, en recongnoissance de ce, ordonne qu'il sera imposé la somme de trois cens livres pour lui estre donnée (1). » Les députés le prient de vouloir bien leur continuer ses bons offices ; ils « veront avec lui, disent-ils, les frais qu'il a exposés ou qu'il exposera pour faire passer lesdits privilèges en la chambre des comptes, et en reporteront l'estat sommaire pour le remboursement entier que l'assemblée entend faire et qu'elle feroit de présent si elle estoit informée de l'estat desdits frais. »

Ces confirmations étaient copiées à plusieurs exemplaires par le greffier des Etats et conservées dans les archives du château de Turenne. Le

---

(1) Archives nationales, R² 493, f° 255.

même cahier nous apprend que l'assemblée de 1634 vota à son greffier Girbaud « pour les copies qu'il a faites de la confirmation des privilèges que M. Justel envoya à Paris ou pour d'autres cayers qui ont été demandés, la somme de vingt livres. »

La procédure, dont la direction lui avait été confiée, se prolongea pendant plusieurs années. Nous lisons, en effet, dans le cahier des Etats de Quercy de 1637 : « Pareillement a esté remonstré par ledit sieur Labrunye (1) que monsieur de Justel, conseiller et secrétaire du Roy, maison et couronne de France, intendant des affaires de madite dame (Elizabeth de Nassau) a travaillé et employé ses soins au Conseil et ailleurs en divers rencontres, à raison de quoy et soubs l'espérance qu'il continuera à l'advenir les mêmes soins il est à propos que ledit pays le recognoisse par quelque gratification civile (2). » La gratification civile était un cadeau de trois cents livres.

On comptait encore sur son concours en 1643, et on jugeait utile de l'en récompenser par le vote d'une nouvelle allocation de trois cents livres en reconnaissance des « soins qu'il prendra à Paris pour les affections du païs (3). »

Après 1643, il n'est pas question de Justel dans

---

(1) Bertrand Labrunye, avocat premier consul de la ville de Martel.
(2) *Pièces justif.*, n° XIX.
(3) *Pièces justif.*, n° XX.

les nombreux cahiers des Etats de Turenne dont nous avons fait le dépouillement. Grâce à ses démarches, les privilèges de la vicomté avaient été confirmés par les arrêts du Conseil des 11 décembre 1635, 6 mars 1636, 30 juin 1637, 30 septembre 1638, et par les Lettres patentes de janvier 1636 et 26 août 1641 (1). Il mourut à Paris en 1649.

On n'a pas oublié les démêlés du syndic général de Tersac avec les Etats de Quercy. Les députés, qui contestaient son droit de séance et de vote, ne lui marchandaient pas leur gratitude lorsqu'il usait de son influence pour sauvegarder les franchises du pays. En 1655, comme il avait « beaucoup despancé en divers voyages pour empêcher les logemens des gens de guerre qui vouloient entreprendre d'enfraindre les privilèges dudict vicomté et servi le public en diverses occasions (2), » les Etats lui accordent une somme de trois cents livres, qui sera « imposée et levée, pour lui estre délivrée par le receveur, sur tout le païs. »

Les communautés, qui se sentaient atteintes dans leurs droits, n'attendaient pas toujours la réunion des Etats pour prendre des mesures de

---

(1) *Recueil des Libertez, Franchises du vicomté de Turenne*, p. 102.
(2) *Pièces justif.*, n° XIV.

défense. Lorsqu'un régiment royal pénétrait dans la vicomté et s'apprêtait à y tenir garnison, les villes occupées par les troupes avaient un grand intérêt à se débarrasser au plus vite de ces hôtes gênants et dispendieux. S'il avait fallu parlementer, mettre en mouvement une procédure régulière, produire les vieux titres d'exemption, provoquer des protestations de l'assemblée, envoyer au roi des députés et des remontrances, des mois se seraient écoulés, et les ressources des villes envahies auraient été absorbées. Comme toujours, l'argent était le meilleur argument pour convaincre les chefs de compagnies et les décider à lever le camp. Les communautés intéressées, de leur propre initiative, traitaient avec eux et les congédiaient après avoir empli leurs caisses. Elles s'adressaient ensuite aux Etats, exposaient les sacrifices qu'elles avaient faits et demandaient une rémunération qui ne leur était pas refusée. C'est que toutes les communautés étaient solidaires en ces matières, et que celles qui s'étaient rançonnées pour sauvegarder leurs privilèges, avaient fait un acte utile à la vicomté tout entière.

Trois compagnies du régiment de Vendôme s'étant établies à Gagnac, en 1654, les syndics de cette ville ne parvinrent qu'à grands frais à s'en débarrasser. Leurs franchises avaient été attaquées sur quelque autre point. Ils avaient résisté et obtenu gain de cause. Mais leurs finances étaient épuisées, et ils comptaient sur les Etats pour réparer ce désastre. Les Etats de 1661 ne firent aucune difficulté pour leur accorder quatre cents livres « qui seroient levées avec les autres deniers ordinaires » ; et comme cette subvention était insuffisante pour combler le déficit, ils autorisèrent les habitants de la communauté de Gagnac à imposer particulièrement sur eux-mêmes une somme de trois cent vingt livres (1).

Aux consuls et aux syndics qui avaient fait des démarches et des voyages « pour le bien public et soustien des droicts et libertés desdits sieurs des Estats » ils allouaient des rémunérations. C'est ainsi que, dans la même session de 1661, ils votèrent une somme de deux cents livres pour les consuls et syndics des trois villes quercinoises de la vicomté (2).

En 1663, l'assemblée fit à M. de Sireuil, intendant du vicomte, un cadeau de trois cents livres, en recounaissance des « soings qu'il a pris et que les gens desdicts Estats espèrent qu'il prendra pour leurs intérêts auprès de sadicte Altesse et pour les affaires concernant les droicts et privilèges dudict vicomté. » Les consuls de Martel et les syndics de Saint-Céré et de Gagnac, qui avaient

---

(1) *Pièces justif.*, nº XXV.
(2) *Pièces justif.*, nº XXV.

fait plusieurs voyages à l'Hôpital-Saint-Jean, à Bétaille et à Turenne, reçoivent en outre une somme de soixante livres (1).

Par ces exemples, que nous avons pris au milieu de beaucoup d'autres dans les cahiers des Etats, on voit combien le maintien des privilèges coûtait cher à la vicomté.

---

(1) *Pièces justif.*, n° XXVI.

CHAPITRE VI.

LES DÉPENSES DES DÉPUTÉS EN MISSION.

Les États envoient des députations aux vicomtes. — Mode de nomination des députés. — Motifs des missions. — Compliments à l'occasion du mariage du vicomte. — Devoirs de condoléance. — Protestation contre les impôts nouveaux. — Les cadeaux. — Frais de voyage des députés. — En cas d'urgence, les communautés prennent l'initiative de l'envoi d'une députation. — Les États statuent sur le remboursement des frais de voyage. — Ils refusent quelquefois ce remboursement quand la mission n'avait pas été ordonnée par eux. — Mission relative à la ferme du domaine du vicomte.

Les absences fréquentes du vicomte grevaient le budget de frais assez lourds. Non pas qu'il lui fût alloué des indemnités pour ses déplacements ; il en supportait lui-même toute la dépense. Mais lorsqu'il était éloigné de la vicomté et qu'une question importante venait à surgir, les États lui envoyaient des délégués qui conféraient avec lui, prenaient ses instructions ou lui portaient leurs observations et leurs doléances. Ces délégués étaient choisis presque toujours dans le corps même des Etats. Le président de la session ou le syndic général de la noblesse en remplissaient quelquefois les fonctions ; le plus souvent, un ou deux consuls ou syndics étaient désignés par leurs collègues. Le voyage durait plusieurs jours et entraînait des frais de toute nature, frais de route, frais de logement et de nourriture, cadeaux au vicomte. Les Etats y pourvoyaient en accordant des rémunérations aux députés.

Lorsque l'assemblée avait résolu l'envoi d'une délégation, il s'agissait de désigner ceux de ses membres qui en feraient partie. On procédait au vote ; les voix étaient « colligées séparément et en la forme accoustumée en semblable occasion (1). » La mission était confiée aux membres des Etats qui avaient obtenu le plus grand nombre de suffrages.

Malgré l'indemnité qui était attribuée au délégué, la charge pouvait lui paraître onéreuse ou pénible. Aussi, l'élu cherchait-il quelquefois à s'y soustraire. C'est ce qui arriva probablement en 1634, dans la session limousine que présida Gédéon de Vassinhac. Un consul de Beaulieu, Chaumeil de Lavadoux, venait d'être désigné par les

---

(1) *Pièces justif.*, n° XVII.

suffrages de ses collègues pour se rendre auprès de la duchesse de Bouillon. Après le vote, le président, au nom de l'assemblée, le « conjura... de vouloir accepter ladicte députation, puisqu'elle ne scauroit estre que très honorable et utile à tous (1). »

Des circonstances diverses motivaient ces missions. C'était un témoignage de respect et de subordination qu'il fallait porter au vicomte ; c'était assez souvent une réclamation au sujet de droits nouveaux dont les Etats voulaient faire dégrever le pays.

En 1634, « l'assemblée (de Limousin) aïant juste subjet de louer Dieu de l'heureux mariage de Monseigneur, se recognoit obligée de rendre à madame la Duchesse ses devoirs et submissions pour première recognoissance et lui tesmoigner les très fidèles affections et très humbles obéissances de ses subjets, estime qu'il est très à propos de députer devers elle deux personnes du corps de ses Estats, pour luy en aller faire les protestations (2). » Pour indemniser les députés des frais du voyage, les Etats décident qu'il leur « sera baillé la somme de sept cens livres tournois, laquelle sera tout présentement imposée pour estre

---

(1) *Pièces justif.*, n° XVII.
(2) *Pièces justif.*, n° XVII.

destinée à cela seulement et sans la pouvoir divertir à autre usage. »

La mission des délégués ne devait pas se borner à porter à la duchesse de Bouillon des assurances de fidélité. Les frais du voyage en étaient trop considérables pour que les Etats ne cherchassent pas à en retirer quelques avantages. Aussi conviennent-ils qu'il « est expédient de faire profiter ledict voyage au soulagement du païs. » La duchesse avait ordonné une levée des droits de francs fiefs. Cette imposition, d'après les membres des Etats, constituait une atteinte aux privilèges des vicomtins. Ils chargèrent leurs délégués de présenter à Elisabeth de Nassau leurs justes sujets de plainte à l'occasion de son ordonnance, et leur remirent des mémoires et des instructions « avec toutes les pièces et tiltres nécessaires pour la justification de l'exemption et franchise dudict païs et notamment tout ce qui regarde les francs fiefs (1). » Le meilleur argument en faveur du retrait de l'ordonnance était assurément un cadeau de huit mille six cents livres que les députés devaient faire à la duchesse au nom des Etats (2).

En Quercy l'émotion n'avait pas été moins vive. Le gouverneur de la vicomté menaçait d'apporter une certaine rigueur dans l'exécution de l'ordon-

---

(1) *Pièces justif.*, n° XVII.
(2) Voy. *supra*, L. II, chap. III.

nance sur les francs fiefs. Le temps pressait. Il fallait aboutir rapidement. L'assemblée tenue à Martel en 1634 vota quelques dons au vicomte et députa un consul de Martel, un syndic de Saint-Céré et un syndic de Gagnac auprès d'Elizabeth de Nassau pour la complimenter sur le mariage de son fils et la prier de révoquer sa commission relative aux francs fiefs. Une somme de six cents livres fut imposée sur les paroisses de Quercy pour subvenir aux frais de la députation. Les députés devaient être porteurs de Mémoires et de remontrances rédigées par l'avocat Louis Lascous, qui reçut pour son travail une rémunération de soixante quinze livres (1).

Sans attendre un vote des Etats, les trois villes du Quercy avaient envoyé, en 1654, des délégués à la vicomtesse de Turenne pour lui exprimer leurs compliments de condoléances sur la mort du vicomte. Rogier, premier consul de Martel, avait avancé les frais de la mission s'élevant à cinq cent cinquante livres. L'assemblée de 1661 ordonna que cette somme serait « imposée et levée comme les autres deniers » et remboursée au consul (2).

Il n'était pas toujours aussi facile d'obtenir le remboursement des frais de voyages entrepris sans un vote préalable des Etats. Nous avons vu qu'en

---

(1) *Pièces justif.*, n° XVIII.
(2) *Pièces justif.*, n° XV.

1653, le vicomte étant à Evreux, les députés de Quercy lui avaient annoncé une délégation chargée, disaient-ils, « d'implorer la continuation de ses bontés pour des sujets qui se feront toujours une gloire comme un devoir de lui estre entièrement soumis (1). » La mission fut remplie par Jean Augier, juge de Saint-Céré, et par un des syndics de Gagnac. La dépense de Jean Augier, qui montait à cinq cent quarante-sept livres, lui fut payée sans contestation. Mais le syndic général de Tersac prétendant que l'envoi de la délégation avait été décidé à son insu, par une assemblée irrégulière où il n'avait pas été convoqué, s'opposa à l'imposition de la somme de trois cent trente livres dont le syndic de Gagnac réclamait le remboursement. De Tersac était déjà en butte aux tracasseries des Etats de Quercy ; en la circonstance il usait de représailles. Dans la même session de 1655, les Etats lui rendirent la monnaie de sa pièce. Un sieur Savari, consul de Saint-Céré, avait fait le voyage de Bordeaux pour obéir à une ordonnance du vicomte, et demandait le remboursement de sa dépense. Sa réclamation parut légitime à de Tersac, qui proposa d'y faire droit. Les Etats s'empressèrent d'émettre un avis contraire et la requête de Savari fut repoussée (2).

---

(1) Voy. *supra* L. I, ch. III, p. 75, en note.
(2) *Pièces justif.*, n° XXIV. — Les Etats de Quercy, du 28 août 1661, accordèrent à Savari le remboursement de ses dépenses.

En revanche, lorsque la mission avait eu pour objet quelque démarche relative aux revendications des Etats contre le syndic général de Tersac, l'assemblée n'hésitait pas à voter les frais du voyage. En 1661, elle allouait deux cent soixante dix livres au sieur Salvat, consul de Martel, qui était allé, quelques années auparavant, demander au vicomte la suppression de la charge de syndic général (1).

Une importante question avait été débattue dans la session de 1694, tenue à l'Hôpital-Saint-Jean. Le domaine du vicomte était affermé à un sieur Thévenin. On avait songé à substituer à ce fermier les communautés de la vicomté qui auraient pris, chacune d'elle « en droit soi à perpétuité l'afferme de tous les revenus, droicts et émolumens ordinaires et casuels appartenans à sadicte Altesse dans chaque communauté, en quoy qu'ils puissent consister, sauf le droit de justice réservé à ladite Altesse, au prix, pour chaque communauté, qu'il luy echerra de supporter en proportion de ce qu'elle tient, pour ayder à composer l'entier prix de l'afferme du domaine faite par sadicte Altesse au sieur Thévenin qui est de vingt-quatre mille livres. » Les Etats avaient consenti

---

(1) *Pièces justif.*, n° XXV.

à traiter sur ces bases (1). Mais des rapports défavorables avaient été faits au vicomte. L'affaire pouvait se manquer. Les membres des Etats de 1695, prévenus qu'ils avaient été desservis, résolurent « d'envoyer incessamment auprès de son Altesse pour lui exposer la sincérité de leur zèle et de leurs bonnes intentions pour la satisfaction de son Altesse, et luy offrir, avec la mesme soubmission, l'exécution dudict résultat desdicts derniers Estats, et prendre icelle pour cela tous les ordres qu'elle jugera nécessaires. » L'assemblée chargea MM. de Tournier et de Maynard de cette mission conciliatrice (2). Le cahier ne nous fait connaître ni le résultat de leurs négociations ni les sommes qui furent dépensées dans leur voyage.

(1) *Pièces justif.*, n° XXVIII.
(2) *Pièces justif.*, n° XVIII bis.

CHAPITRE VII.

LES FRAIS DES SESSIONS.

A l'origine, le mandat des députés est gratuit. — Il devient salarié au milieu du xvi° siècle. — Les frais des sessions. — Ils comprennent les gages et les indemnités des députés et des fonctionnaires et quelques dépenses accessoires. — Renvoi aux chapitres précédents. — Ces frais sont peu élevés au début. — Leur progression rapide de 1576 à la fin du xvii° siècle. — Accroissement du nombre des fonctionnaires et des employés. — Elévation des gages. — Augmentation des dépenses accessoires et des frais de séjour. — La progression est plus considérable en Limousin qu'en Quercy.

Pour toute la période antérieure à 1576, les documents ne nous apprennent pas quels frais pouvait entraîner la tenue d'une session, ni si ces frais grevaient le budget de la vicomté. Lorsque la noblesse et le clergé assistaient aux réunions, leurs représentants remplissaient gratuitement leur mandat et ne réclamaient pas au pays le remboursement de leurs frais de déplacement et de séjour. Mais lorsque le vicomte eut démocratisé l'institution des États en n'y admettant, avec les députés des villes, qu'un seul représentant de la noblesse, les membres de l'assemblée s'allouèrent des gages et attribuèrent des salaires à leurs employés (1). Ils firent en outre figurer sur le rôle des dépenses une petite somme pour les frais généraux de la session.

Dans les chapitres consacrés aux personnages qui composaient les États et aux fonctionnaires de divers ordres qui assistaient aux séances, nous avons indiqué, pour chacun, le montant des gages et des indemnités qu'il touchait (2). Nous ne voulons pas revenir ici par le détail sur ces renseignements. Il suffira d'établir en bloc l'importance de cet article du budget des dépenses et de montrer combien, d'année en année, le chiffre en alla grossissant.

Il pouvait passer presque inaperçu en 1576; les frais de la session de Limousin ne s'élevaient qu'à cent sept livres cinq sols, y compris les gages du syndic général, du receveur, du greffier et du sergent, les vacations des députés et les menues dépenses accessoires (3).

En 1578, la somme inscrite de ce chef dans le

---

(1) Voy. *supra*, L. II, chap. I, p. 148.
(2) Voy. *supra*, L. I, chap. V à IX.
(3) *Pièces justif.*, n° IX.

cahier ordinaire montait à cent quatre-vingt-six livres, et dans le cahier extraordinaire à cent quatre-vingt-quatre livres cinq sols (1). Le nombre des fonctionnaires rétribués était plus considérable ; les gages et les indemnités, pour quelques-uns d'entre eux, avaient été doublés.

Dans le Quercy, en 1579, les frais de la session furent liquidés à cent soixante-quatre livres dix sols. Les gages étaient très modérés. La note du cuisinier qui avait pourvu à la nourriture des membres des Etats, y figure pour quarante livres (2).

Les Etats limousins, tenus à Beaulieu en 1579, se montrèrent moins économes des deniers publics. Les frais de la réunion, tant à l'ordinaire qu'à l'extraordinaire, dépassèrent cinq cent trente livres. Le cuisinier n'était payé que trois livres, mais « les dépenses de l'assemblée », en dehors des gages et des gratifications, étaient taxées à cent soixante livres (3).

De 1576 à 1579, la progression avait été énorme. On n'en sera pas surpris lorsqu'on connaîtra la liste des fonctionnaires et des employés qui étaient admis, dans cette dernière année, à émarger au budget : le président des Etats, le sénéchal, le

---

(1) *Pièces justif.*, n° XI.
(2) *Pièces justif.*, n° XII.
(3) *Pièces justif.*, n° XIII.

procureur du domaine, le secrétaire du vicomte, un clerc « qui a fait les commissions », le chantre, et plusieurs personnages « pour aucuns services faicts à l'assemblée » recevaient des indemnités de présence ou des gratifications qui variaient de trois à cinquante livres. L'impôt, dont le produit devait payer ces dépenses, augmentait en proportion. Les séances des Etats, par l'adjonction de ce nouveau personnel, gagnaient sans doute de la solennité ; la tâche des députés était peut-être facilitée ; mais il n'est pas démontré que l'administration, ainsi compliquée, fût plus profitable au pays.

Après 1579, la gestion des affaires de la vicomté fut un peu moins onéreuse. La réunion d'Argentat, du 10 mai 1608, ne coûta que trois cent quatre-vingt-douze livres. Il est vrai que nous ne comprenons pas dans ce chiffre des indemnités qui furent accordées au syndic général et à d'autres personnages pour des missions dont ils avaient été chargés et pour des services qu'ils avaient rendus (1).

En 1634, la tenue des Etats ordinaires de Limousin coûta quatre cent cinquante-quatre livres quatorze sols, et la tenue des Etats extraordinaires de la même province coûta quatre cent trente-

---

(1) *Pièces justif.*, n° XIV.

deux livres. Sur chacun des cahiers, le trésorier était inscrit pour deux cents livres (1).

Cette même année, la dépense occasionnée par la réunion des Etats du Quercy monta à trois cent soixante-quatorze livres, sans compter diverses sommes allouées aux députés pour les indemniser de démarches faites en dehors de la session (2).

La session de Quercy de 1637 fut plus longue et entraîna des frais de séjour exceptionnels. La dépense s'éleva à quatre cent deux livres dix sols. En outre de leurs gages, les députés, qui avaient accompli plusieurs missions dans l'intérêt public, obtinrent le remboursement de leurs avances (3).

Les frais de la session de Limousin, en 1637, furent peu importants, ne dépassèrent pas la somme de quatre cent soixante-douze livres (4).

Mais, dans les années qui suivent, nous les voyons s'élever brusquement. De sept cent quarante-sept livres en 1643 (5), ils montent à mille quatre-vingt-deux livres en 1650 (6). A cette époque les gages du syndic général, du trésorier et du greffier des Etats avaient été considérablement augmentés.

La session limousine de 1695 est celle qui coûta

---

(1) *Pièces justif.*, nos XVI et XVII
(2) *Pièces justif.*, no XVIII.
(3) *Pièces justif.*, no XIX.
(4) Archives nationales, R² 493.
(5) Archives nationales, R² 494.
(6) *Pièces justif.*, no XIII.

le plus cher à la vicomté. Pour leurs dépenses de voyage et de séjour, les consuls de Beaulieu y reçurent deux cent quatre-vingt-huit livres, ceux de Turenne cent quarante-quatre livres, ceux d'Argentat cent quatre-vingt livres, le syndic général de Servières et son adjoint soixante-douze livres. Le syndic général de la noblesse toucha deux cent soixante livres de gages et soixante-douze livres pour sa dépense. Dans aucune des réunions antérieures, les indemnités supplémentaires n'étaient arrivées à ces chiffres. Le total de la dépense fut de dix-neuf cent vingt-une livres dix sols (1).

Depuis le milieu du xviie siècle, les frais des sessions de Quercy s'accrurent aussi d'une façon remarquable. Les gages et les dépenses montèrent à douze cent quarante-neuf livres en 1643 (2), à huit cent quarante-six livres quatorze sols en 1655 (3), à onze cent neuf livres en 1661 (4). S'ils furent réduits à cinq cent quatre-vingt-seize livres en 1663 (5), nous les voyons, en 1676, se relever à treize cent soixante-dix-sept livres (6).

Dans une période de cent vingt ans, les paroisses du Limousin en étaient venues à supporter

---

(1) *Pièces justif.*, n° XXIX.
(2) *Pièces justif.*, n° XX.
(3) *Pièces justif.*, n° XXIV.
(4) *Pièces justif.*, n° XXV.
(5) *Pièces justif.*, n° XXVI.
(6) *Pièces justif.*, n° XXVII.

une charge près de dix-huit fois plus forte pour la tenue de leurs assemblées. La marche ascendante des dépenses avait été moins rapide dans le Quercy; la session de 1676 coûta huit fois plus que celle de 1579.

CHAPITRE VIII.

LA DIRECTION DES PROCÈS.

Procès relatifs au paiement des impôts. — L'action est intentée au nom du vicomte. — Elle est suivie et dirigée par les Etats. — L'impôt est-il personnel ou foncier ? — Ordonnance de 1643. — Formalités du changement de domicile. — Difficultés soulevées par les nobles. — Biens nobles et biens roturiers. — Résistances de certaines communautés. — Les syndics des Etats. — Juridictions diverses. — Durée des procès. — Le vicomte se rend garant des frais. — Procès relatifs aux intérêts généraux de la vicomté. — Procès soutenus par les communautés. — Usurpations des barons de Castelnau. — Intervention des Etats. — Subventions allouées aux communautés. — Différends entre les Etats et le vicomte. — Le droit de francs-fiefs. — Transaction.

Les impôts votés par les Etats et leur recouvrement soulevaient souvent de graves difficultés. Certaines catégories d'habitants invoquaient des exemptions, refusaient de payer leur taxe. Pour les y contraindre, les collecteurs ou le receveur les traduisaient devant le juge vicomtal. Les poursuites étaient exercées au nom du vicomte, mais les États en avaient la direction. Une fois l'impôt voté, le vicomte en devenait créancier. Le cahier de la session, signé par les députés, approuvé par lui, était son titre de créance. L'action judiciaire lui appartenait donc et elle avait d'autant plus de poids qu'elle était censée mise par lui-même en mouvement. Mais les membres des États avaient établi le budget, fixé le montant de l'imposition et réglé sa répartition entre les paroisses de la vicomté. Ils devaient en assurer le complet recouvrement, prendre toutes les mesures nécessaires pour faire entrer dans la caisse du trésorier l'intégralité des recettes. Les poursuites contre les contribuables n'étaient que la mise à exécution des « mandes » délivrées « par Monseigneur et les gens des Estats (1) » ; il était naturel que les gens des États, responsables de la rentrée des fonds, eussent aussi la responsabilité et la direction des procès.

Une des causes les plus fréquentes des litiges était la question de la personnalité de l'impôt. Des seigneurs et des dignitaires ecclésiastiques possédaient des biens dans l'étendue de plusieurs paroisses de la vicomté. Les collecteurs les frappaient d'une taxe, non seulement dans la paroisse

---

(1) *Pièces justif.*, nᵒ XXI.

de leur résidence, mais encore dans toutes les paroisses où ils avaient des possessions. Cela paraissait équitable. Mais ces contribuables soutenaient que l'impôt était dû par la personne et non par la terre et qu'ils échappaient au paiement de la taxe dans les paroisses où ils n'habitaient pas. Dès 1480, le juge du vicomte avait été saisi de la question. L'assemblée de Meyssac décida que les poursuites seraient suspendues et qu'il serait sursis aux procès pendants jusqu'à nouvel ordre (1).

Il y avait sans doute de bonnes raisons pour ne pas brusquer l'affaire. Les Etats n'étaient pas sûrs de leur droit, redoutaient un insuccès. Le caractère personnel ou foncier de l'impôt n'était pas nettement déterminé. L'incertitude devait encore durer longtemps sur ce point. En 1642, les Etats avaient décidé « qu'un chascun seroit cottisé dans les paroisses dans l'estendue desquelles il avoit du bien. » L'ordonnance, prise en exécution de ce vote, fit naître un grand nombre de procès. Elle semblait contraire à la jurisprudence des Cours des Aides de Clermont et de Montauban qui devaient juger les litiges en dernier ressort (2). Le vicomte et les Etats se ravisent, et, dans la session de 1643, rapportent l'ordonnance. Il est prescrit « qu'à l'advenir chasque con-

---

(1) *Pièces justif.*, n° VIII.
(2) Archives nationales, R² 494.

tribuable sera cottisé au lieu de son domicile pour tous ses biens et fortunes. » Au cas de changement de domicile, le contribuable doit être déchargé de la taxe dans la paroisse qu'il a quittée et inscrit sur les rôles de celle où il va demeurer. Il est toutefois tenu de justifier de son changement de domicile, et cette justification résultera d'une notification aux syndics de la paroisse quittée ; il doit aussi faire effectuer le transfert de sa taxe dans la paroisse où il porte son domicile. La nouvelle taxe ne sera exécutoire qu'un an et un jour après l'accomplissement de ces formalités. Quant aux étrangers qui ont des terres dans la vicomté, ils sont assujétis à la taille « selon la valeur des biens qu'ils possèdent, le fort portant le faible (1). » Telles sont, dans leurs lignes principales, les prescriptions de la nouvelle ordonnance de 1643 ; elle mit fin à beaucoup de procès et prévint des difficultés inextricables entre les paroisses des deux parties de la vicomté à l'occasion des biens que les habitants des paroisses limousines possédaient dans les paroisses du Quercy, ou de ceux que les habitants du Quercy possédaient dans les paroisses du Limousin.

Les membres des Etats, le vicomte et ses conseils n'avaient pourtant pas supprimé toutes les

---

(1) *Pièces justif.*, nº XX.

controverses. D'autres discussions allaient bientôt surgir à l'occasion du caractère personnel ou foncier de la taille. Dans leur session de 1643, les Etats du Limousin avaient reçu une protestation des nobles de cette partie de la vicomté qui se refusaient à payer leur taxe. Pour leur patrimoine noble, passe encore; mais pour leurs acquêts de roturiers, la prétention était hardie. Ils invoquaient le principe de la personnalité de la taille qui les rendait exempts pour tous leurs biens. Le vicomte ne voulant pas trancher la question, s'en remit à la décision de la Cour des Aides de Montferrant (1).

En 1695, les Etats avaient voté un don annuel extraordinaire de vingt mille livres, payable pendant cinq ans. Les habitants de la paroisse de Noailles refusèrent d'en supporter leur quote-part. De là, poursuites et procès qui, en 1717, étaient encore pendants devant le Parlement (2).

Pour diriger une aussi longue procédure, en suivre le cours devant tous les degrés de juridiction, conférer avec les hommes de loi et préparer les mémoires, les Etats désignaient un mandataire spécial auquel on donnait le nom de syndic et qui recevait des rémunérations et des indemnités. Le 4 février 1708, les députés du Limousin et du Quercy se réunirent en assemblée plénière à Beau-

---

(1) Archives nationales, R² 494.
(2) Archives nationales, R² 494.

lieu. Ils venaient d'apprendre que des paroisses récalcitrantes avaient « surpris par deffaut et sur requette quelque jugement devant messieurs des requettes du Palais à Paris » qui ordonnait un sursis à l'exécution des règlements de finances arrêtés dans les précédentes sessions. D'un commun accord, ils résolurent de se pourvoir contre ce jugement et chargèrent deux syndics, pris dans l'assemblée de faire en leur nom toutes les demandes nécessaires. Jean-Baptiste Dubac, syndic général de Servières, reçut les pleins pouvoirs des députés du Limousin ; Gabriel Baselé, premier consul de Martel, fut investi du mandat de ses compatriotes quercinois. Ils reçurent une procuration en règle, très explicite, les autorisant à saisir de l'affaire la Cour des Aides de Clermont et en tant que de besoin toutes autres juridictions (1). Dubac mourut sans avoir pu obtenir une solution définitive. On dut désigner un autre syndic pour le remplacer, et le duc de Bouillon, voulant sans doute stimuler le zèle du nouvel élu, prit l'engagement personnel de le garantir et de l'indemniser de tous les frais qui pourraient lui incomber (2).

---

(1) *Pièces justif.*, n° XXXIII.
(2) Voici l'engagement du vicomte de Turenne :

« Relief de Monseigneur en faveur du sindic du Limousin, du 24ᵐᵉ septembre 1732.

» Nous, duc souverain de Bouillon, vicomte de Turenne, promettons en notre propre et privé nom de garantir et indemniser le sindic des Etats de notre dite vicomté qui sera choisi en l'assemblée

L'intérêt public n'était pas attaché aux seuls procès relatifs au recouvrement de l'impôt. D'autres litiges touchaient aux droits généraux de la vicomté. Les Etats avaient à les surveiller, à en poursuivre la solution et à faire face aux frais qu'ils pouvaient entraîner. Les barons de Castelnau, voisins de la vicomté, avaient entrepris une série d'usurpations sur le territoire de la communauté de Gagnac. Les syndics de cette ville avaient voulu les arrêter. Grâce au fouillis des juridictions de cette époque, les seigneurs de Castelnau avaient soulevé des déclinatoires de compétence, et l'affaire était portée en règlement de juges devant le Grand Conseil. Mais le procès durait depuis longtemps; les frais exposés étaient considérables; la communauté de Gagnac avait épuisé ses ressources et s'était endettée. En 1655, elle demanda aux Etats de lui rembourser les avances qu'elle avait faites. Leur cause, disaient les syndics, regarde l'intérêt public; il doit y être pourvu à frais communs. Si

---

des Etats, au lieu et place du feu sieur Dubac du Couderc, à l'effet de reprendre au lieu et place dud. deffunt sieur Dubac l'instance en le règlement de juges pendante et indécise au conseil privé du roy entre moy, monsieur le duc et madame la marechalle de Noailles et autres parties, entre la cour des aydes de Clermont-Ferrand et les requettes du palais à Paris, de tous les frais auxquels led. sieur sindic pourroit être condamné en lad. qualité par les arrêts qui interviendront sur lad. instance en reglement de juges, promettant de l'en garantir, indemniser et de renouveler la presente promesse toutes fois et quantes [besoin sera]. Fait à Paris en notre hotel, le vingt-quatre septembre mille sept cent trente deux. Signé : le duc de Bouillon. Signé à la copie : Sclafer, greffier des Etats, pour avoir l'original devers moy, »

(De la collection de M. J.-B. Champeval.)

les barons de Castelnau étaient maintenus dans leurs usurpations, la paroisse de Gagnac se trouverait amoindrie, ne pourrait supporter sa taxe et la quote-part dont elle serait dégrévée resterait à la charge de la vicomté tout entière. Malgré ces bonnes raisons, les syndics n'obtinrent pas le vote qu'ils désiraient. L'assemblée ne repoussa pas leur requête, mais la renvoya « aux prochains Estats pour en estre faict droict après une plus longue et mûre délibération ainsi qu'il sera advisé (1). » Cet ajournement ressemblait un peu à une fin de non-recevoir, car, par la même délibération, les Etats autorisaient la communauté de Gagnac à s'imposer particulièrement pour payer les frais du procès. Ils allouèrent toutefois, en 1661, une modique somme aux syndics de cette localité, en raison des voyages qu'ils avaient faits depuis 1659 « pour le bien public et soutien des droicts et libertés (2) » du pays.

Dans les circonstances que nous venons de rappeler, les procès étaient engagés soit au nom du vicomte, lorsqu'il s'agissait du recouvrement de la taille, soit au nom des syndics des communautés, lorsqu'il fallait se défendre contre des usurpations de territoire. Les Etats y intervenaient

---

(1) *Pièces justif.*, n° XXIV.
(2) *Pièces justif.*, n° XXV.

plus ou moins directement. Il était un cas où les membres des Etats intentaient eux-mêmes et en leur nom l'action judiciaire : lorsqu'ils prenaient à partie le vicomte en personne.

Les difficultés entre les Etats et leur seigneur étaient assez fréquentes ; il suffisait d'un impôt nouveau, d'une exigence inaccoutumée. Mais elles se réglaient, la plupart du temps, après de simples remontrances, sans recourir aux actes de procédure, par une transaction. La prétention qu'eut le vicomte de soumettre ses sujets au paiement d'un droit de francs-fiefs faillit nécessiter l'intervention des tribunaux. Le vicomte avait rendu des ordonnances et ses officiers s'apprêtaient à les exécuter rigoureusement. Les Etats soutenaient que les vicomtins étaient exempts de cette imposition, et pour arrêter les opérations des collecteurs, ils firent opposition à ces ordonnances (1). Les litiges allaient être jugés par les parlements de Toulouse et de Bordeaux, lorsque les parties intéressées y mirent fin par un arrangement amiable. Le vicomte ne paraissait pas plus désireux que les Etats de faire trancher par la justice ces questions de privilèges et d'immunités.

(1) *Pièces justif.*, nos XVII, XVIII et XIX.

CHAPITRE IX.

LES TRAVAUX PUBLICS.

Le domaine public de la vicomté. — Le château de Turenne appartient en propre au vicomte. — Comment les Etats pourvoient à son entretien. — Solde du capitaine et de la garnison du château. — Réparations aux églises. — Elles sont à la charge des communautés. — Construction d'une halle à Saint-Céré. — Toutes les paroisses intéressées contribuent aux travaux. — La voirie. — Les Etats font face aux dépenses d'intérêt général. — Ils contribuent pour une quote-part aux dépenses d'intérêt restreint. — Ils autorisent les communautés à s'imposer pour le surplus. — Travaux sur le ruisseau la Tourmente. — Constructions et réparations des ponts. — Le voyeur et le grand voyeur.

Quand les Etats de Turenne avaient créé les ressources nécessaires pour assurer le paiement de l'octroi ordinaire et des dons extraordinaires faits au vicomte et à sa famille, pour rétribuer les fonctionnaires et les employés, pour indemniser les personnages qui avaient rendu des services au pays, pour soutenir les procès et solder les frais de la session, quand ils avaient repoussé, à force d'argent et de démarches, les entreprises dirigées contre les privilèges, leur tâche n'était pas encore accomplie. Il restait à s'occuper de l'entretien de tout ce qui constituait le domaine public de la vicomté ou s'y rattachait. Le mémoire de 1711 reconnaît qu'il était de leur compétence de pourvoir aux « réparations des chemins publics et autres pareilles nécessités (1). » Que faut-il entendre par ces « autres pareilles nécessités » ? Les cahiers nous apprennent qu'il s'agissait de l'entretien du château de Turenne et des édifices qui appartenaient aux communautés, tels que les églises et les halles, de la réparation et de la construction des ponts, des travaux de voirie et de canalisation.

Le château de Turenne n'était pas un édifice public. Il appartenait en propre au vicomte et non à la vicomté. Mais c'était une vieille coutume féodale que les vassaux devaient la corvée à leur seigneur pour la construction et l'entretien de sa demeure. Au surplus, le château de Turenne était considéré à juste titre comme la place forte, la citadelle de la vicomté. En cas de guerre ou de trouble, c'est dans ses murs et sous la protection de ses tours que toutes les milices du pays devaient

---

(1) *Pièces justif.*, n° I, p. 14.

se concentrer. Il était la sauvegarde de la contrée. L'intérêt général voulait qu'il fût entretenu en bon état.

Depuis que la prestation en argent avait été substituée à la prestation en nature, le vicomte ordonnait de faire les réparations utiles, celles que demandaient le gouverneur, l'intendant ou le commandant du château. Il en payait la note et réclamait aux Etats le remboursement de ses avances. En 1650, Frédéric-Maurice de La Tour priait l'assemblée « de pourvoir au remboursement des frais exposés l'année dernière pour la conservation du présent chasteau, ensemble ceux qu'il convient faire présentement pour mesme faict, attendu les troubles qui sont dans le présent royaume. » L'assemblée accueillait sa demande, en ce qui concernait du moins les dépenses déjà réalisées, et allouait une somme de deux mille livres représentant la quote-part à la charge de la partie limousine de la vicomté (1).

Non seulement le pays prenait à sa charge l'entretien du château, mais il payait encore, dans les moments critiques, les gages du capitaine qui en commandait la garnison (2), et soldait la troupe qui le gardait. En 1650, cette dernière dépense montait à mille livres par mois pour le Limou-

---

(1) *Pièces justif.*, nº XXIII.
(2) *Pièces justif.*, nºˢ XX et XXIV.

sin (1), ce qui représentait environ une charge de quinze cents livres pour l'ensemble de la vicomté.

Dans les sessions dont nous avons conservé les procès-verbaux, les Etats n'eurent pas à s'occuper des églises de la vicomté. Les réparations de ces édifices incombaient non à la vicomté tout entière, mais aux communautés auxquelles ils appartenaient. Les Etats n'avaient donc pas à voter des impositions pour faire face à ces dépenses; leur rôle se bornait à autoriser les communautés à s'imposer particulièrement. Et comme ils avaient délégué au sénéchal de Turenne le pouvoir de donner ces autorisations (2), leurs délibérations sont muettes à ce sujet.

Cette délégation qu'ils avaient consentie en 1655, ils conservaient la faculté de la révoquer. Ils la révoquèrent, en effet, lorsque, dans leur querelle contre le syndic général de Tersac, ils redoutèrent l'influence de ce personnage sur le sénéchal de Turenne. On se rappelle les mesures révolutionnaires qu'ils prirent en cette circonstance. Dans leur session de 1661, ils « défendent au séneschal du vicomté, dit l'auteur du mémoire de 1663, de donner permission pour imposer aucunes sommes soit pour réparation des églises ou autres lieux

---

(1) *Pièces justif.*, n° XXIII.
(2) *Pièces justif.*, n° XXIV.

publics, bien que cela se fust fait de tout temps (1). »
Après que la paix fut faite entre eux et le syndic
de la noblesse, les choses reprirent leur cours
accoutumé, le juge du vicomte pourvoyant aux
autorisations demandées par les communautés.

La châtellenie de Saint-Céré fit construire une
halle en 1655. Il fallut acheter un terrain, approvisionner les matériaux et les mettre en œuvre. Ce
bâtiment était à l'usage non seulement de la ville
de Saint-Céré, mais aussi de toutes les paroisses
de sa juridiction ; par conséquent, il était juste que
toutes les paroisses intéressées contribuassent aux
frais de l'acquisition du terrain et de la construction. Une ordonnance du vicomte enjoignit « aux
paroisses dépendans de la chastellenie dudict
Saint-Céré de contribuer par chasque habitant au
bastiment de leur halle d'une journée de bœufs. »
Il restait à régler la quote-part à la charge de chacun dans le prix du sol. La ville avait avancé les
quinze cents livres payées au vendeur. Ses consuls
demandent aux Etats de les indemniser au moyen
d'une imposition établie sur les autres paroisses de
la châtellenie. Leur réclamation paraît fondée, et
l'assemblée, dans sa séance du 7 mai 1655, ordonne
que « les habitans des dictes paroisses payeront,
pour soulager ladicte ville de partie du susdict prix,

---

(1) *Pièces justif.*, n° II, p. 27.

la somme de trois cens livres, laquelle somme sera cottisée sur les paroisses de la chastellenie dudict Sainct-Céré est adjoutée à la mande desdictes paroisses pour estre après délivrée par le receveur des Estats aux consuls de ladicte ville de Sainct-Céré (1). »

Les mêmes paroisses furent encore frappées d'un impôt particulier de deux cent trente sept livres dix sols, affecté au paiement de bâtiments et de réparations dont le détail était contenu dans une requête présentée par les consuls de Saint-Céré à la session de 1661 (2). »

L'entretien et l'amélioration de la voirie publique grevaient le budget de la vicomté d'assez grosses dépenses. Il en supportait tous les frais lorsque le travail à faire pouvait être utile à tous les habitants. Il n'y contribuait que pour une part quand quelques paroisses devaient être seules à en profiter; les Etats autorisaient pour le surplus les intéressés à se cotiser particulièrement.

En 1722, les sieurs Toulzac et Valette, syndics des paroisses de Saint-Palavy, Cavaniac, Les Genestes, Beyssac et autres, se plaignirent, dans une requête, des dégâts que le ruisseau de Tourmente occasionnait aux propriétaires riverains.

---

(1) *Pièces justif.*, n° XXIV.
(2) *Pièces justif.*, n° XXV.

Le lit du ruisseau étant trop étroit, les eaux ne pouvaient y contenir pendant les temps de pluies et d'orages, débordaient sur les prairies, ravinaient et entraînaient le sol. Des réparations étaient urgentes. Les Etats décidèrent qu'elles seraient incessamment effectuées sous la direction et la surveillance du syndic Toulzac et du sieur de La Chieze, juge de Martel, auxquels ils donnèrent les pouvoirs les plus étendus. Les frais devaient être payés par le produit d'une imposition que les deux délégués étaient chargés d'établir « sur tous les aboutissans et autres intéressés. » Ils étaient aussi chargés de procéder à la répartition et à la levée de cet impôt; ils avaient le droit de décerner des contraintes; leurs ordonnances étaient exécutoires nonobstant opposition et appel. Quelques deniers avaient été votés dans la précédente session pour être employés à ces travaux. Le délégué de La Chieze était autorisé à les toucher et à les dépenser suivant leur destination. Les Etats allouaient, en outre, sur le budget général, une somme de quatre-vingts livres pour aider à la construction d'un pont sur le ruisseau, au lieu appelé la Croix-Marty (1).

Deux ponts avaient été construits en 1661 par la petite ville de Saint-Céré, qui avait obtenu, pour ces travaux d'un intérêt général, une subvention

---

(1) *Pièces justif.*, n° XXXIV.

de six cents livres (1). L'assemblée de 1722 lui accorda encore quatre-vingts livres pour la construction d'un pont « sur le ruisseau qui coule de Saint-Vincent à la rivière la Bave et sur le chemin de Saint-Céré à la ville de Figeac », et cinquante livres pour la réparation du « chemin de Saint-Céré à la Ronquières (2). »

En cette année 1722, les Etats se montrèrent généreux. Le sieur de La Chièze, qui dirigeait les travaux sur la Tourmente, reçut une somme de cent livres pour des réparations à faire aux « côtes appelées de Besse, du Mathieu et du Pont-Rond (3). »

Des agents spéciaux étaient chargés de la surveillance et de l'entretien des chemins. L'un était le « voyeur » dont l'emploi peut être assimilé à celui d'un cantonnier actuel. Il reçut, en 1643, quarante ivres « pour les soins par luy pris à faire accommoder les chemins de Turenne à Rocamadour (4). » L'autre, appelé le « grand voyeur », était un fonctionnaire du vicomte; les Etats de de 1695 lui allouèrent trois livres de gages sur le budget ordinaire (5).

---

(1) *Pièces justif.*, nº XXV.
(2) *Pièces justif.*, nº XXXIV.
(3) *Pièces justif.*, nº XXXIV.
(4) *Pièces justif.*, nº XX.
(5) *Pièces justif.*, nº XXIX.

CHAPITRE X.

INSTRUCTION PUBLIQUE ET AUMÔNES.

L'instruction et les secours aux moines ne sont pas des services d'ordre public. — Indépendance des assemblées en cette matière. — Les Etats de Quercy allouent des gages aux régents dès l'année 1637. — Ceux de Limousin ne subventionnent leurs écoles qu'à partir de 1703. — Quotité des gages donnés aux régents des villes du Limousin et du Quercy. — Distribution d'aumônes par les députés quercinois aux ordres mendiants. — Protestations des campagnes. — Les députés limousins n'allouent qu'une seule aumône aux Capucins de Turenne en 1695.

C'est surtout en matière d'enseignement et de distribution d'aumônes aux religieux qu'apparaît l'indépendance existant entre la partie quercinoise et la partie limousine de la vicomté. L'instruction de la jeunesse et l'assistance aux moines mendiants n'étaient pas considérées comme des services d'ordre public. Le vicomte semblait s'en désintéresser, laissant à chaque assemblée le soin d'y pourvoir si elle le jugeait à propos.

Une seule fois nous le voyons s'occuper des maisons religieuses établies sur le territoire de la vicomté ; et s'il parle de « leur faire des honestetés et des caresses et quelques libéralités aux religieux (1) », c'est uniquement dans un but politique, pour gagner leur confiance, pour s'en faire des agents dévoués « contre les factieux », pour les « engager à parler en public... et exhorter les peuples à rentrer dans leur devoir. » En dehors de cette circonstance tout à fait exceptionnelle, il ne demande et ne fait demander par ses commissaires délégués aucune subvention pour les couvents ou les moines. Il n'a pas un mot pour engager les Etats à ouvrir des écoles.

L'assemblée de Quercy n'attendit pas d'être poussée dans cette voie. Dès l'année 1637, elle inscrivait les dépenses de l'instruction publique dans son budget ordinaire. Les régents de Martel, de Saint-Céré et de Gagnac devinrent des fonctionnaires appointés par la vicomté, touchant chaque année des gages comme le syndic général et les autres membres des Etats. Les deux premiers recevaient cent cinquante livres chacun et le troi-

---

(1) *Pièces justif.*, n° IV, p. 39.

sième trente-six livres (1). Il n'y avait d'instituteurs rétribués que dans ces trois villes.

Jusqu'en 1661, les appointements des régents ne furent pas modifiés. Tous les ans, le receveur leur payait la somme fixée en 1637, sur le produit de l'imposition générale (2).

Dans la session de 1661, les gages du régent de Gagnac furent portés à quarante livres. Ceux des régents de Saint-Céré et de Martel restèrent fixés à cent cinquante livres comme par le passé (3). Les dépenses du Quercy pour l'instruction publique ne subirent pas de nouvelle augmentation jusqu'à l'union de la vicomté à la couronne (4).

Les députés du Limousin s'étaient laissé devancer par ceux du Quercy. Il y avait soixante-six ans que les écoles de Martel, de Saint-Céré et de Gagnac étaient subventionnées, lorsque les représentants des villes limousines songèrent à organiser chez eux l'enseignement.

La délibération qu'ils prirent à cet effet est fort intéressante. Le corps des Etats tout entier s'était réuni en assemblée générale dans la ville d'Argentat, le 20 juillet 1703. Fidèles à leur tradition, les députés du Quercy votèrent les gages de leurs ré-

---

(1) *Pièces justif.*, n° XIX, p. 120.
(2) *Pièces justif.*, nos XX et XXIV.
(3) *Pièces justif.*, n° XXV.
(4) Voir les cahiers de 1663, 1676 et 1722; *Pièces justif.*, nos XXVI, XXVII et XXXIV.

gents. Il semble que ce vote ait ouvert les yeux des députés limousins. Leurs ressources étaient plus considérables que celles dont pouvaient disposer leurs collègues ; ils représentaient en effet les deux tiers de la vicomté. Les villes d'Argentat et de Beaulieu ne le cédaient pas en importance à celles de Martel et de Saint-Céré ; Turenne et Servières pouvaient, pour le nombre des habitants, se mesurer à Gagnac. Comment expliquer l'infériorité dans laquelle elles étaient laissées au point de vue de l'instruction publique? Les députés du Limousin se tirèrent d'embarras en mettant sur le compte d'un oubli leur négligence invétérée. « Ils ont fait réflexion, dirent-ils, qu'ils ont obmis de pourvoir au moyen d'avoir des régens dans les villes de Beaulieu, Servières, Turenne et Argentat pour l'instruction et l'éducation de la jeunesse, non seulement desdites villes, mais encore de tout le pays, et que rien n'est plus important, particulièrement dans la circonstance de quantité de familles de nouveaux convertis et qui sont dans lesdites villes et au voisinage, et qu'il est nécessaire de les faire instruire, lesdits sieur des Estats ont accordé aux susdites quatre villes et communautés la somme de mille livres qui sera imposée sur le pays de Limosin et délivrée également à chacune desdictes communautés pour être par elles employées au payement des régens de leurs écoles, laquelle somme sera imposée et leur sera payée dans les trois années et les six termes marqués cy-dessus (1). » Ils rendaient hommage aux bienfaits de l'instruction, et pour ce service, qu'ils considéraient comme le « plus important », ils n'allouaient que trois cent trente-trois livres six sols et dix deniers par an, un peu moins que les députés du Quercy qui n'avaient que trois écoles à subventionner.

De même qu'ils avaient été les premiers à organiser l'enseignement public dans la vicomté, les Etats quercinois donnèrent aussi l'exemple des distributions d'aumônes aux ordres mendiants. Quels services les religieux de ces ordres rendaient-ils au pays? Les Récollets de Saint-Céré et d'Argentat, les Cordeliers de Martel, les Capucins de Turenne donnaient-ils aux enfants l'instruction religieuse ? La chose est possible et a pu déterminer les Etats à leur allouer quelque modique gratification. Nous croyons plutôt que, ne possédant aucune ressource, ayant fait vœu de pauvreté, vivant de la charité de tous, ils demandaient l'aumône aux dispensateurs des deniers publics comme aux particuliers. Leur influence sur le peuple était grande à cette époque. La prospérité de leurs couvents était considérée comme un honneur pour la vicomté. Les sommes que leur distribuaient les

---

(1) *Pièces justif.*, n° XXX, p. 257.

Etats n'étaient donc pas détournées de l'intérêt général.

L'inscription au budget de ces aumônes ne passa pas pourtant sans soulever quelques protestations. Les communautés du plat pays soutenaient que les villes seules qui possédaient des couvents avaient intérêt à leur prospérité. « Quelle raison, disaient-elles, y peut-il avoir de faire une imposition pour les Recoletz de Sainct-Céré sur ceux qui ne sont pas entrez et n'entreront jamais dans Sainct-Céré, et qui ne verront jamais lesdits Recoletz, de mesme pour les Cordelliers de Martel. Il y auroit autant de raison d'en donner à la Portionculle en Italie et davantage parceque c'est le chef d'ordre ; estant au surplus inouy de faire des tailles pour des mandians ni autres religieux quelconques, et tout a faict abusif (1). »

Dans une seule circonstance, en 1703, les Etats accordent aux Récollets d'Argentat quatre-vingts livres à titre de rémunération. Ils avaient ouvert leur monastère aux députés de la vicomté et la session générale s'était tenue chez eux (2).

Toutes les autres allocations que reçoivent les religieux de Saint-François sont portées dans les cahiers au titre d'aumônes. C'est en 1643 que cet

---

(1) Protestations des communautés du plat pays contre les impositions extraordinaires votées par les Etats de Quercy de 1661 ; *Archives Nationales*, R² 494.
(2) *Pièces justif.*, n° XXX.

article apparaît pour la première fois. L'assemblée de Martel vote aux religieux de cette ville « pour ausmone » cinquante livres (1).

En 1656, « aux révérens Pères Récolets, par aumosne, sans tirer à conséquence et pour cette année seulement, leur a esté donné la somme de quarante livres qui sera imposée et levée comme les autres deniers et délivrée par ledict receveur auxdicts Pères Récolets (2). » La session se tenait à Saint-Céré et c'est le couvent de Saint-Céré qui, cette fois, recevait l'aumône sur les fonds publics du Quercy. Leur couvent fut reconstruit ou réparé en 1661. Ils obtinrent à cette occasion trente livres pour l'achèvement des travaux. La même assemblée vota quarante livres pour les réparations du couvent des Cordeliers de Martel (3). Les religieux de Saint-Céré et ceux de Turenne touchèrent sur le budget de 1676, les premiers quarante livres et les seconds vingt livres (4). Enfin, l'assemblée de Quercy de 1722 alloua cinquante livres aux Capucins de Turenne (5).

C'est en 1695 que nous trouvons la mention de la seule aumône faite par les députés du Limousin à un ordre mendiant. La session s'était tenue

---

(1) *Pièces justif.*, n° XX.
(2) *Pièces justif.*, n° XXIV.
(3) *Pièces justif.*, n° XXV.
(4) *Pièces justif.*, n° XXVII.
(5) *Pièces justif.*, n° XXXIV.

dans le château de Turenne. Les Capucins avaient probablement déposé une requête sur le bureau de l'assemblée. Ils reçurent onze livres dix sols.

Quant à la gratification de quatre-vingts livres votée par les Etats généraux de 1703 aux Récollets d'Argentat, nous avons dit que ce n'était pas une véritable aumône, les religieux ayant mis leur couvent à la disposition des députés; elle représentait la rémunération d'un service rendu au pays et devait être payée un tiers par le Quercy et deux tiers par le Limousin (1).

---

(1) *Pièces justif.*, nº XXX.

CHAPITRE XI.

ÉTABLISSEMENT DU TERRIER.

La conservation du terrier. — A l'origine elle est étrangère aux États. — Pendant plusieurs siècles les officiers du vicomte en ont le soin. — Négligence de ces officiers. — Ils ne font pas rentrer les revenus du vicomte. — Les États rachètent les arrérages échus. — Ils en prennent le recouvrement à leur charge. — Le vicomte leur remet son terrier pour poursuivre les retardataires. — Il leur impose la réfection du terrier. — Difficultés de cette opération. — Moyens employés par les États. — La garde des papiers. — Les États renoncent à leur entreprise. — Le vicomte la reprend à sa charge.

Il semble que la conservation du terrier du vicomte ne devait pas incomber aux États. Le vicomte seul avait intérêt à tenir en bon ordre ses titres seigneuriaux. En sa personne se trouvaient réunies deux qualités distinctes : il était à la fois le seigneur souverain de son petit État et le seigneur suzerain de ses nombreux vassaux. Comme seigneur souverain, il recevait des subsides, et le pays, représenté par les députés, votait ces subsides et en assurait le recouvrement. Comme seigneur suzerain, il exerçait lui-même de sa propre autorité tous les droits féodaux que le régime nouveau n'avait pas abolis et tous ceux qu'il avait acquis de ses vassaux. Ces droits seigneuriaux lui appartenaient en propre, aussi bien que les produits de ses domaines; ils constituaient ses revenus. Ils étaient constatés dans des chartes, dans des reconnaissances dont il avait le dépôt. Son receveur et ses officiers particuliers avaient à charge de ne pas les laisser péricliter. Les Etats ne pouvaient en vérifier la légitimité, contrôler la nature des hommages ni l'étendue des redevances, s'immiscer dans ses affaires privées, étrangères à leur juridiction.

Aussi, pendant plusieurs siècles, il n'est jamais parlé du terrier du vicomte dans les réunions d'Etats, pas plus que du revenu de ses domaines. Pour les difficultés que pouvait soulever la perception de ces droits, les tribunaux étaient compétents. Le terrier s'étant formé sans l'intervention des Etats, sa surveillance, sa gestion, son entretien restaient en dehors de leurs attributions.

Quelques négligences avaient été apportées par les officiers du vicomte dans le recouvrement des droits seigneuriaux; des arrérages échus depuis longtemps étaient dus, lorsqu'un sieur Laplaine fut chargé d'opérer les rentrées de tous les termes exigibles. Ce personnage mit une telle rigueur dans l'accomplissement de sa mission, que les populations protestèrent et demandèrent aux Etats de Limousin et de Quercy de négocier un arrangement avec le vicomte. Le pays était prêt à consentir un lourd sacrifice pour obtenir la révocation de la commission du sieur Laplaine et la décharge de tous les pactes échus jusqu'alors. En son nom, les Etats offrirent une somme de soixante-dix mille livres payable en deux ans. Après plusieurs mois de réflexion, le vicomte fit savoir à l'assemblée de 1676 qu'il acceptait la proposition qui lui avait été soumise. Les députés arrêtèrent les bases de la répartition : une moitié des soixante-dix mille livres était perçue sur les redevables de la taille; l'autre moitié était fournie par les débiteurs de la rente. Le Limousin et le Quercy devaient payer chacun leur part dans la proportion habituelle. Les communautés se chargeraient de recouvrer pour elles-mêmes les arrérages échus; elles avaient la faculté d'affermer pour deux années les censives et les redevances, si elles le jugeaient à propos. Les redevances en nature pouvaient être acquittées en argent au gré des débiteurs, suivant un cours déterminé. Au cas de refus de paiement ou de contestations de la part des contribuables, les Etats avaient le droit de traduire en justice les opposants; mais son Altesse devait leur prêter son nom et son appui, et « prendre le faict et cause pour les gens desdits Estats en toutes cours, toutes fois et quantes qu'elle sera requise, soubs la répétition de ses frais sur les condamnations qui interviendront ou sur les arrérages des susdits droicts et devoirs seigneuriaux. » En résumé, le vicomte cédait ses créances aux Etats moyennant la somme de soixante-dix mille livres, et les subrogeait dans ses droits et ses actions contre ses débiteurs.

La cession ne serait pas trop onéreuse si les Etats parvenaient à recouvrer une bonne partie des arrérages échus. Pour poursuivre les retardataires, il était indispensable de produire les titres de créances, de savoir ce que chacun devait. Le vicomte offrait donc de remettre son terrier aux Etats. Mais le terrier, confié depuis longtemps à des officiers négligents, était incomplet, mal tenu, ne révélait qu'une partie des droits dus au vicomte. Il fallait le reconstituer. Cette charge fut imposée aux Etats.

En plus de la somme qui pouvait lui incomber dans le paiement de soixante-dix mille livres, l'assemblée de Quercy prit, en 1676, l'obligation « de faire et parfaire le papier terrier de son Altesse dans ledict visconté et païs de Quercy, dans trois ans du jour de la ratification que son Altesse faira du présent traité, stipuler les hommages de tous les fiefs nobles et les accepter, par son Altesse fournissant procuration expresse à ceux qui seront préposés pour cest effaict par lesdicts sieurs des Estats et de son agréement ensemble les tiltres qu'elle peut avoir en son pouvoir pour l'accélération dudict papier terrier, et jusques à ce il ne pourra estre imputé aucun retardement aux gens desdits Estats pour raison desquels hommages et recognoissances ; conformément au traité faict à Paris avec son Altesse et ratifié par lesdits Estats et scindics des communautés le 24ᵐᵉ juilhet 1670 (1) ».

La charge était lourde et la besogne peu commode. Pouvait-on espérer que les débiteurs de redevances feraient d'eux-mêmes l'apport des actes qui constituaient leur vassalité et dont le vicomte avait perdu les originaux ? On essaya pourtant d'obtenir d'eux des reconnaissances volontaires en offrant à tous ceux qui en feraient la déclaration spontanée une remise de moitié des arrérages échus. Des affiches furent placardées dans chaque communauté, annonçant la « liquidation et faction du livre terrier », invitant chacun à venir dans la huitaine en un lieu déterminé « faire devoir d'emphithéote à peine de ladicte remise et sans que la clause puisse être réputée comminanatoire. » Les membres des Etats devaient exhor-

---

(1) *Pièces justif.*, n° XXVII, t. II, p. 226.

ter les gentilhommes de la vicomté à contribuer aux dépenses de la réfection du terrier ; quant aux roturiers hommagés, on les déclarait exempts de tous frais (1).

Dans leur session de 1694, les Etats de Quercy prièrent le vicomte d'avoir « la bonté de faire garder les papiers terriers de ses droits, cens et rentes, dans son trésor au château de Turenne, pour être fournis à toutes réquisitions par les gardiens les expéditions nécessaires aux communautés, sans frais, pour agir contre les redevables de la rente dans les cas nécessaires (2). » Ils échappaient ainsi à la responsabilité de la garde de ces titres, et économisaient les salaires d'un ou de plusieurs greffiers. Leur travail de reconstitution avançait lentement ; ils avaient besoin de nouveaux délais.

L'obligation que les Etats avaient contractée était au-dessus de leurs forces. Ils avaient soulevé de nombreuses réclamations. Les hommagés se disaient surchargés, étaient mécontents. Le vicomte, de son côté, critiquait les opérations déjà faites, trouvait que ses droits étaient lésés. Le plus sage était de renoncer à l'entreprise. Un accommodement intervint en 1703. Le vicomte de

---

(1) *Pièces justif.*, n° XXVII, t. II, p. 227.
(2) *Pièces justif.*, n° XXVIII, t. II, p. 238.

Turenne consentit à prendre à sa charge la réfection de son papier terrier « sans que le païs puisse à l'advenir estre recherché pour le défaut de ladicte perfection »; il choisit lui-même les personnes qui devaient s'acquitter de cette tâche, se réservant de surveiller et de vérifier leur travail. Il se réservait aussi le droit de réviser les reconnaissances et les hommages reçus jusqu'à ce jour par les Etats. Les conditions imposées aux vassaux et aux censitaires par le traité de 1676 ne furent pas aggravées (1). En somme, les députés sortaient heureusement d'embarras. Les cadeaux qu'ils firent au vicomte dans cette session de 1703 ne furent peut-être pas étrangers à cette solution.

(1) *Pièces justif.*, n° **XXX**.

CHAPITRE XII.

LE BUDGET DE LA VICOMTÉ.

L'impôt voté chaque année est proportionné aux dépenses. — Il varie comme elles. — Montant du budget général annuel de la vicomté. — Il est d'environ trois mille six cents livres en 1576. — Sa progression rapide. — Il dépasse vingt-deux mille deux cent quarante-cinq livres en 1608. — Le traité de 1642 aggrave les charges de la vicomté. — Les contribuables payent près de quarante mille livres. — Au commencement du xviiie siècle l'impôt atteint soixante mille six cents livres. — Il s'élève à près de cent mille livres en 1722.

Les divers actes des Etats, dont l'étude fait l'objet des chapitres précédents, peuvent être rangés presque tous dans la catégorie de leurs attributions financières. Lorsqu'ils votaient les aides et les fonds extraordinaires, lorsqu'ils allouaient à leurs délégués des gratifications pour la conservation des privilèges, et qu'ils mettaient à la disposition de leurs syndics les sommes nécessaires pour poursuivre des procès, lorsqu'ils taxaient les frais des sessions, ils engageaient les finances de la vicomté; les subventions aux communautés, les aumônes aux couvents, les appointements des fonctionnaires, les dépenses occasionnées par les travaux d'intérêt général et par l'instruction publique étaient autant de charges pour le pays. Le produit des impôts permettait de faire face à ces besoins. L'impôt était proportionné à la dépense, variable comme elle.

Nous avons analysé les articles de la dépense et signalé leur progression. Pour avoir une idée exacte du budget de la vicomté, il nous reste à faire la synthèse, à grouper tous ces articles et à donner le total annuel. On verra par un seul chiffre ce que payait le pays.

Ce travail ne portera que sur un petit nombre d'années; des lacunes déjà constatées dans le catalogue des sessions (1) ne permettent pas de faire un relevé général. D'autre part, le vicomte ne convoquait pas les députés tous les ans; des assiettes de tailles se suivaient sans modifications sensibles; quelquefois aucune dépense exceptionnelle ne se produisait d'une session à l'autre, et le budget restait à peu près le même. Il serait donc sans intérêt de faire une récapitulation générale. Nous

---

(1) Livre I, chap. II.

avons procédé de préférence sur les cahiers des Etats présentant des différences saillantes et qui marquent, pour ainsi dire, les étapes de la marche ascendante du budget de la vicomté.

Le 30 août 1576, les Etats de Meyssac votaient un impôt de deux mille quatre cent huit livres dix sols tournois, pour solder les dépenses incombant aux paroisses limousines (1); et comme ces paroisses constituaient les deux tiers environ de la vicomté, on peut en induire que le budget général montait approximativement à trois mille six cents livres.

En 1577, le Limousin fut taxé à trois mille deux cent six livres seize sols quatre deniers tournois (2). Ce qui représente, pour l'ensemble du pays, une imposition d'environ quatre mille huit cents livres. En un an, la charge des contribuables s'était accrue de plus d'un cinquième.

Nous constatons encore une augmentation sensible l'année suivante. Dans leur réunion du 26 août 1578 (3), les Etats arrêtèrent pour le Limousin leur cahier ordinaire à trois mille cinq cent trois livres onze sols huit deniers, et leur cahier extraordinaire à trois cent soixante-quatorze livres cinq sols. L'imposition, pour la vicomté tout

---

(1) *Pièces justif.*, n° IX.
(2) *Pièces justif.*, n° X.
(3) *Pièces justif.*, n° XI.

entière, pouvait donc monter à cinq mille huit cents livres.

L'exercice de 1579 (1) fut moins onéreux. L'assemblée de Beaulieu équilibra son budget à trois mille huit cent treize livres neuf sols et onze deniers; celle de Martel (2) à mille quatre-vingt-sept livres quatorze sols deux deniers.

De 1608 à 1637, les cahiers ordinaires du Limousin présentent un total de dépenses variant de six mille quatre cents à six mille huit cents livres (3). Mais les deniers extraordinaires, beaucoup moins fixes, enflent démesurément les cahiers; ils atteignent dix mille quatre cent une livres en 1634 (4). La même année, le Quercy dépensait cinq mille trois cent soixante-onze livres neuf sols trois deniers (5). Ce qui porte à vingt-deux mille deux cent quarante-cinq livres dix sols et deux deniers la somme cotisée sur tous les contribuables limousins et quercinois (6).

A défaut de cahier extraordinaire de Limousin en 1637, nous ne pouvons établir pour cette année

---

(1) *Pièces justif.*, n° XIII.
(2) *Pièces justif.*, n° XII.
(3) 6,807ˡˡ 5ˢ 8ᵈ en 1608; 6,373ˡˡ 1ˢ 6ᵈ en 1634; 6,465ˡˡ 6ᵈ en 1637; *Pièces justif.*, nᵒˢ XIV, XVI, et Arch. nat., R² 493.
(4) *Pièces justif.*, n° XVII.
(5) *Pièces justif.*, n° XVIII.
(6) L'état de répartition dépassait quelquefois le montant de la somme votée. En ce cas le receveur des tailles devait faire compte de l'excédant lors de la session suivante. C'est ce qui eut lieu en 1608 et en 1634. Nous avons indiqué ici la somme répartie, parce qu'elle constitue la charge réelle qui pesait sur les habitants.

le budget général de la vicomté. Nous savons que le Quercy supporta une imposition de six mille huit cent cinquante-cinq livres et dix-huit sols (1).

Le traité de 1642 (2) aggrava considérablement la situation financière de la vicomté. L'octroi ordinaire ayant été augmenté, la quote-part de dépenses à la charge du Limousin fut de vingt-trois mille sept cent quatre-vingt-dix-huit livres dans les années 1647, 1648 et 1649 (3). Le Quercy payait, en 1643, quinze mille cinq cent quatre-vingt-cinq livres huit sols neuf deniers (4). Nous pouvons donc évaluer à trente-neuf mille trois cent quatre-vingt-trois livres la recette qu'encaissa chaque année le trésorier des tailles pendant cette période.

Nous ne citons que pour mémoire le cahier limousin de 1650 qui ne peut servir de terme de comparaison ni entrer dans les calculs d'une moyenne. Les Etats, en effet, avançant au vicomte trois années de taille, grevèrent leurs communautés d'un impôt de cent dix-neuf mille cent quatre-vingt-douze livres trois sols (5).

Les crédits employés par l'assemblée du Quercy furent de dix-huit mille cent trente-neuf livres trois

---

(1) Arch. nat., R² 493.
(2) Arch. nat., R² 494.
(3) *Pièces justif.*, n° XXII.
(4) *Pièces justif.*, n° XX.
(5) *Pièces justif.*, n° XXIII.

sols en 1661 (1), et de quinze mille neuf cent quatre-vingt-dix-huit livres huit sols en 1663 (2). Depuis le traité de 1642, le taux n'avait guère varié.

L'année 1695 fut exceptionnellement lourde pour le Limousin. Ses contribuables versèrent dans la caisse du receveur la somme énorme de quatre-vingt-dix-huit mille deux cent cinquante-deux livres onze sols et quatre deniers (3).

Par le cahier des Etats généraux tenus à Argentat le 20 juillet 1703, nous pouvons nous représenter ce qu'était le budget normal de la vicomté au commencement du xviiie siècle : le Limousin y fut taxé à quarante mille trois cent deux livres, et le Quercy à vingt mille trois cent quatre (4).

A partir de cette date, l'administration n'eut rien de régulier. Le vicomte endetté, menant à la cour ou dans les camps un train fastueux, faisait des appels de fonds, demandait à ses sujets des avances. Les Etats de Quercy de 1722 votèrent pour leur part trente-huit mille trois cent seize livres, payables en cinq années, sans compter treize mille livres pour l'octroi ordinaire et huit cent soixante-sept livres pour les gages (5). Nous ne

---

(1) *Pièces justif.*, n° XXV.
(2) *Pièces justif.*, n° XXVI.
(3) *Pièces justif.*, n° XXIX.
(4) *Pièces justif.*, n° XXX.
(5) *Pièces justif.*, n° XXXIV.

savons pas quelle fut, cette année là, la quote-part supportée par le Limousin.

C'est ainsi qu'en moins d'un siècle et demi les habitants de la vicomté virent s'élever leurs impôts de trois mille cinq cents livres environ à une somme qui dépassait quelquefois cent mille livres.

CHAPITRE XIII.

LA RÉPARTITION ENTRE LES PAROISSES.

L'impôt est réparti par les Etats entre les paroisses de la vicomté. — Répartition par les Etats du Limousin. — Répartition par les Etats du Quercy. — En Limousin quarante-sept paroisses contribuent au paiement de l'impôt. — Trente-deux ou trente-trois paroisses y contribuent en Quercy. Jusqu'en 1676. — Quarante-une paroisses de Quercy sont imposées en 1722. — Taux de la répartition. — Assiettes des tailles pour les paroisses de Limousin en 1576, 1577, 1578, 1579, 1608, 1634, 1647 et 1695. — Assiettes pour le Quercy en 1579, 1634, 1637, 1643, 1661, 1663, 1676 et 1722.

Après avoir voté l'impôt, l'assemblée le répartissait entre les différentes paroisses qui composaient la vicomté. Les Etats de Limousin imposaient les paroisses limousines, et les Etats du Quercy imposaient les paroisses quercinoises. Dans les réunions générales, la répartition se faisait entre toutes les paroisses limousines et quercinoises qui étaient membres de la vicomté. Le cahier de la session contenait l'état de répartition.

Les frais de la session, comprenant les gages et les dépenses des divers fonctionnaires et employés, étaient confondus avec le principal et distribués en même temps que lui. L'assiette ne contenait donc qu'un seul article pour chaque paroisse. Par exception, dans les Etats limousins du 10 mai 1608 (1), le principal et les frais sont répartis séparément en deux articles spéciaux.

En Limousin, quarante-sept paroisses contribuaient aux charges de la vicomté. Ce nombre n'a jamais varié. De 1576 à 1695, nous les voyons, toujours les mêmes, taxées par les députés des Etats. Quelques-unes, pour des raisons que nous ne savons pas, avaient pu échapper une fois à la taxe, Beaulieu et Estivals en 1579, Altillac en 1608. Mais à part ces exceptions, la matière imposable ne varia pas dans la partie limousine de la vicomté.

En Quercy, le nombre des paroisses imposées n'eut pas la même fixité. Elles étaient trente-une en 1579 assujéties au paiement de l'impôt ; trente-deux de 1634 à 1643 ; trente-trois en 1661 ; trente-deux en 1663 ; trente-trois en 1676 ; quarante-une en 1722.

---

(1) *Pièces justif.*, n° XIV.

La règle qui devait présider à la répartition n'apparaît pas nettement. Le chiffre de la population y était certainement étranger, puisque Beaulieu ne payait guère plus que Sérillac et Astaillac et était moins grevé que Collonges, Curemonte et Meyssac. Servières, qui n'était représenté aux États que par un syndic général, subissait une taxe trois fois plus élevée que celle de Beaulieu et dix-sept fois plus lourde que celle d'Argentat. Les sommes imposées n'étaient pourtant pas réparties arbitrairement, car dans les différents budgets nous voyons, à quelques exceptions près, que la même proportion a été suivie pendant plus d'un siècle.

La charge de chaque paroisse grossissait d'année en année, suivait une marche ascendante, comme le budget des dépenses de la vicomté. Nous pouvons, à l'aide d'un certain nombre de cahiers, établir cette progression. Voici quelques-unes des taxes de répartition pour les paroisses limousines de la vicomté :

		l	s	d
Altillac, en 1576		94	7	6 (1)
Id.	1577	125	13	6
Id.	1578	139	1	5
Id.	1579	153	16	9
Id.	1608, pas de taxe	»	»	»

---

(1) Par abréviation nous indiquons les livres par *l*, les sols par *s* et les deniers par *d* ; — *Octr. ord.* signifie octroi ordinaire ; — *imp. extr.* signifie impôt extraordinaire.

		l	s	d
Altillac. en	1634, octr. ord............	240	»	»
Id.	— imp. extr............	385	10	»
Id.	1647, octr. ord	835	»	»
Id.	— imp. extr.	73	»	»
Id.	1695, octr. ord	814	3	4
Id.	— imp. extr............	2991	14	8
Argentat, en 1576.....................		17	19	6
Id.	1577.....................	26	9	5
Id.	1578.....................	60	2	3
Id.	1579.....................	60	2	3
Id.	1608.....................	72	»	12
Id.	1634, octr. ord............	70	15	»
Id.	— imp. extr...........	113	13	8
Id.	1647.....................	249	»	»
Id.	1695, octr. ord............	253	14	17
Id.	— imp. extr...........	909	16	7
Astaillac, en 1576.................		»	30	10
Id.	1577.....................	10	5	1
Id.	1578.....................	»	50	8
Id.	1579.....................	»	56	5
Id.	1608.....................	6	12	8
Id.	1634, octr. ord............	7	»	»
Id.	— imp. extr............	11	5	»
Id.	1647.....................	18	15	»
Id.	1695, octr. ord............	16	»	3
Id.	— imp. extr......	60	9	1
Beaulieu, en 1576.....................		98	15	6
Id.	1577.....................	131	7	»
Id.	1578.....................	127	15	»
Id.	1579, pas de taxe...........	»	»	»
Id.	1608.....................	262	18	»
Id.	1634, octr. ord............	252	1	»
Id.	— imp. extr............	404	17	»
Id.	1647, octr. ord............	873	»	»
Id.	— imp. extr............	78	»	»
Id.	1695, octr. ord............	915	13	2
Id.	— imp. extr............	3214	2	2

— 249 —

		l	s	d
Beynat, en 1576		74	»	7
Id.	1577	98	10	5
Id.	1578	110	»	»
Id.	1579	122	10	3
Id.	1608	291	»	»
Id.	1634, octr. ord	281	15	»
Id.	— imp. extr	452	12	6
Id.	1647, octr. ord	839	»	»
Id.	— imp. extr	76	»	»
Id.	1695, octr. ord	846	16	2
Id.	— imp. extr	3006	3	7
Billac, en 1576		54	11	5
Id.	1577	42	12	6
Id.	1578	80	»	»
Id.	1579	89	2	»
Id.	1608	106	14	»
Id.	1634, octr. ord	152	10	8
Id.	— imp. extr	245	1	4
Id.	1647, octr. ord	510	»	»
Id.	— imp. extr	45	»	»
Id.	1695, octr. ord	513	2	2
Id.	— imp. extr	1828	10	7
Branceilles, en 1576		8	14	»
Id.	1577	11	11	7
Id.	1578	13	»	»
Id.	1579	14	9	7
Id.	1608	256	16	9
Id.	1634, octr. ord	26	»	»
Id.	— imp. extr	41	15	3
Id.	1647, octr. ord	73	»	»
Id.	— imp. extr	5	»	»
Id.	1695, octr. ord	72	18	8
Id.	— imp. extr	258	17	4
Chameyrat, en 1576		23	16	8
Id.	1577	31	15	3
Id.	1578	36	16	9
Id.	1579	43	18	9

		l	s	d
Chameyrat, en 1608....................		99	4	1
Id.	1634, octr. ord..........	98	7	»
Id.	— imp. extr..........	157	19	5
Id.	1647, octr. ord..........	329	»	»
Id.	— imp. extr..........	32	»	»
Id.	1695, octr. ord..........	334	11	»
Id.	— imp. extr..........	1187	12	6
Chartrier-Ferrière, en 1576............		31	5	7
Id.	1577............	16	12	4
Id.	1578............	46	13	6
Id.	1579............	51	17	4
Id.	1608............	85	4	7
Id.	1634, octr. ord..	83	19	»
Id.	— imp. extr..	134	»	»
Id.	1647, octr. ord...	211	10	»
Id.	— imp. extr..	19	»	»
Id.	1695, octr. ord..	220	14	4
Id.	— imp. extr..	783	10	2
Chasteaux, en 1576....................		57	1	8
Id.	1577....................	75	11	4
Id.	1578....................	83	7	»
Id.	1579....................	92	15	10
Id.	1608....................	160	12	19
Id.	1634, octr. ord..........	159	»	»
Id.	— imp. extr..........	256	7	10
Id.	1647, octr. ord..........	512	»	»
Id.	— imp. extr..........	47	»	»
Id.	1695, octr. ord..........	520	4	6
Id.	— imp. extr..........	1979	14	3
Chauffour, en 1576....................		13	7	10
Id.	1577....................	22	1	10
Id.	1578....................	22	»	6
Id.	1579....................	24	15	8
Id.	1608....................	42	19	9
Id.	1634, octr. ord..........	43	»	»
Id.	— imp. extr..........	69	1	8

— 251 —

	l	s	d
Chauffour, en 1647, octr. ord............	111	»	»
Id. — imp. extr............	12	»	»
Id. 1695, octr. ord............	113	11	»
Id. — imp. extr............	510	2	»
Collonges, en 1576....................	100	7	»
Id. 1577....................	132	17	10
Id. 1578....................	149	10	5
Id. 1579....................	139	»	5
Id. 1608....................	217	7	14
Id. 1634, octr. ord............	261	»	»
Id. — imp. extr............	419	4	3
Id. 1647, octr. ord............	875	10	»
Id. — imp. extr............	81	»	»
Id. 1695, octr. ord............	877	10	2
Id. — imp. extr............	3109	18	11
Curemonte, en 1576....................	113	1	6
Id. 1577....................	150	13	10
Id. 1578....................	143	15	»
Id. 1579....................	80	»	5
Id. 1608....................	288	10	7
Id. 1634, octr. ord............	200	»	»
Id. — imp. extr............	321	4	4
Id. 1647, octr. ord............	735	15	»
Id. — imp. extr............	67	»	»
Id. 1695, octr. ord............	731	19	4
Id. — imp. extr............	2598	8	»
Dampniat, en 1576....................	43	9	1
Id. 1577....................	57	16	8
Id. 1578....................	61	8	9
Id. 1579....................	68	5	4
Id. 1608....................	118	9	»
Id. 1634, octr. ord............	114	»	»
Id. — imp. extr............	133	2	8
Id. 1647, octr. ord............	381	10	»
Id. — imp. extr............	36	»	»
Id. 1695, octr. ord............	385	1	3
Id. — imp. extr............	1363	19	5

		l	s	d
Estivals, en 1576		21	6	4
Id.	1577	28	7	4
Id.	1578	32	2	»
Id.	1579, pas de taxe	»	»	»
Id.	1608	62	17	»
Id.	1634, octr. ord	64	»	»
Id.	— imp. extr	102	16	4
Id.	1647, octr. ord	187	»	»
Id.	— imp. extr	16	»	»
Id.	1695, octr. ord	186	10	6
Id.	— imp. extr	662	3	1
Jugeals, en 1576		23	12	»
Id.	1577	31	9	3
Id.	1578	31	10	»
Id.	1579	27	17	3
Id.	1608	66	17	12
Id.	1634, octr. ord	72	14	6
Id.	— imp. extr	116	16	2
Id.	1647, octr. ord	196	»	»
Id.	— imp. extr	14	»	»
Id.	1695, octr. ord	175	17	3
Id.	— imp. extr	624	7	2
La-Chapelle-aux-Saints, en 1576		16	2	4
Id.	1577	61	7	4
Id.	1578	69	8	5
Id.	1579	77	5	7
Id.	1608	136	17	8
Id.	1634, octr. ord.	134	8	»
Id.	— imp. extr	215	17	4
Id.	1647, octr. ord.	447	»	»
Id.	— imp. extr	42	»	»
Id.	1695, octr. ord.	441	4	9
Id.	— imp. extr	1565	2	8
Lagarde, en 1576		5	9	4
Id.	1577	7	5	4
Id.	1578	6	17	6
Id.	1579	8	14	8

Lagarde, en 1608.......................	18	1	»
Id. 1634, octr. ord............	15	1	8
Id. — imp. extr............	21	3	6
Id. 1647, octr. ord............	64	»	»
Id. — imp. extr............	5	»	»
Id. 1695, octr. ord............	62	5	3
Id. — imp. extr............	221	10	5
Lanteuil, en 1576.......................	35	1	4
Id. 1577.......................	46	12	1
Id. 1578.......................	52	4	»
Id. 1579.......................	58	1	10
Id. 1608.......................	94	18	»
Id. 1634, octr. ord............	93	10	»
Id. — imp. extr............	128	»	5
Id. 1647, octr. ord............	289	»	»
Id. — imp. extr............	35	»	»
Id. 1695, octr. ord............	298	»	7
Id. — imp. extr............	1058	»	1
Ligneyrac, en 1576.......................	76	8	6
Id. 1577.......................	102	»	4
Id. 1578.......................	111	15	»
Id. 1579.......................	124	7	9
Id. 1608.......................	209	7	6
Id. 1634, octr. ord............	195	10	»
Id. — imp. extr............	314	»	2
Id. 1647, octr. ord............	673	»	»
Id. — imp. extr............	61	»	»
Id. 1695, octr. ord............	666	10	9
Id. — imp. extr............	2339	1	2
Liourdres, en 1576.......................	10	12	8
Id. 1577.......................	14	3	»
Id. 1578.......................	16	»	»
Id. 1579.......................	17	16	5
Id. 1608.......................	27	18	9
Id. 1634, octr. ord............	26	»	»
Id. — imp. extr............	41	15	3
Id. 1647, octr. ord............	59	5	»
Id. — imp. extr............	2	»	»

		l	s	d
Liourdres, en 1695, octr. ord............		41	4	6
Id.	— imp. extr............	147	6	9
Lissac, en 1576....................		52	14	8
Id.	1577....................	72	3	7
Id.	1578....................	77	»	»
Id.	1579....................	85	15	2
Id.	1608....................	144	17	»
Id.	1634, octr. ord............	143	»	»
Id.	— imp. extr............	229	14	»
Id.	1647, octr. ord............	466	»	»
Id.	— imp. extr............	42	»	»
Id.	1695, octr. ord............	461	8	10
Id.	— imp. extr............	1638	1	11
Lostanges, en 1576....................		16	3	2
Id.	1577....................	62	6	9
Id.	1578....................	69	9	6
Id.	1579....................	77	6	7
Id.	1608....................	133	»	»
Id.	1634, octr. ord............	132	6	»
Id.	— imp. extr............	212	12	»
Id.	1647, octr. ord............	419	10	»
Id.	— imp. extr............	40	»	»
Id.	1695, octr. ord............	423	12	7
Id.	— imp. extr............	1503	17	1
Malemort, en 1576....................		25	12	4
Id.	1577....................	35	2	5
Id.	1578....................	39	8	»
Id.	1579....................	53	6	10
Id.	1608....................	70	13	9
Id.	1634, octr. ord............	68	13	»
Id.	— imp. extr............	110	5	5
Id.	1647, octr. ord............	41	10	»
Id.	— imp. extr............	22	»	»
Id.	1695, octr. ord............	244	10	9
Id.	— imp. extr............	867	1	8
Marcillac-la-Croze, en 1576............		57	8	7
Id.	1577............	76	11	10
Id.	1578............	83	6	5

		l.	s.	d.
Marcillac-la-Croze, en 1579............		92	15	5
Id.	1608............	159	2	2
Id.	1634, octr. ord..	146	10	»
Id.	— imp. extr..	236	7	»
Id.	1647, octr. ord..	520	10	»
Id.	— imp. extr..	48	»	»
Id.	1695, octr. ord..	524	3	1
Id.	— imp. extr..	1860	14	10
Mercœur, en 1576...................		23	7	10
Id.	1577................	31	2	8
Id.	1578................	34	2	9
Id.	1579................	38	»	2
Id.	1608................	80	6	7
Id.	1634, octr. ord..........	58	10	»
Id.	— imp. extr..........	93	18	3
Id.	1647, octr. ord..........	271	»	»
Id.	— imp. extr..........	23	»	»
Id.	1695, octr. ord..........	268	16	9
Id.	— imp. extr..........	969	9	2
Meyssac, en 1576...................		122	6	»
Id.	1577................	164	2	»
Id.	1578................	178	11	6
Id.	1579................	189	18	4
Id.	1608................	335	19	8
Id.	1634, octr. ord..........	319	»	»
Id.	— imp. ext............	512	9	8
Id.	1647, octr. ord..........	1068	10	»
Id.	— imp. extr...........	94	»	»
Id.	1695, octr. ord..........	1094	8	8
Id.	— imp. extr...........	3885	4	4
Nespouls, en 1576..................		17	»	»
Id.	1577................	23	11	1
Id.	1578................	37	14	»
Id.	1579................	16	19	5
Id.	1608................	71	10	6
Id.	1634, octr. ord.........	76	»	»
Id.	— imp. extr..........	115	13	4

Nespouls, en 1647, octr. ord............	207	»	»
Id. — imp. extr............	18	»	»
Id. 1695, octr. ord	204	2	8
Id. — imp. extr............	694	16	4
Noailhac, en 1576.....................	70	15	3
Id. 1577.....................	96	11	»
Id. 1578.....................	103	2	3
Id. 1579.....................	114	16	8
Id. 1608.....................	193	3	»
Id. 1634, octr. ord	184	16	8
Id. — imp. extr............	296	17	9
Id. 1647, octr. ord............	574	»	»
Id. — imp. extr............	53	»	»
Id. 1695, octr. ord............	575	3	1
Id. — imp. extr............	2011	15	10
Noailles, en 1576.....................	17	5	8
Id. 1577.....................	22	19	2
Id. 1578.....................	27	4	6
Id. 1579.....................	29	2	3
Id. 1608.....................	54	14	15
Id. 1634, octr. ord............	57	»	»
Id. — imp. extr............	91	11	1
Id. 1647, octr. ord............	187	»	»
Id. — imp. extr............	16	»	»
Id. 1695, octr. ord	200	»	»
Id. — imp. extr............	110	»	»
Nonards, en 1576.....................	34	5	6
Id. 1577.....................	46	14	6
Id. 1578.....................	51	3	»
Id. 1579.....................	57	18	1
Id. 1608.....................	100	14	7
Id. 1634, octr. ord	94	5	»
Id. — imp. extr............	151	7	10
Id. 1647, octr. ord............	361	10	»
Id. — imp. extr............	34	»	»
Id. 1695, octr. ord............	365	12	2
Id. — imp. extr............	1296	9	3

		l	s	d
Puy-d'Arnac, en 1576...............		69	11	6
Id.	1577................	86	15	6
Id.	1578................	101	12	»
Id.	1579................	113	3	5
Id.	1608................	201	18	4
Id.	1634, octr. ord........	9 (1) 16		»
Id.	— imp. extr.........	311	15	4
Id.	1647, octr. ord........	695	10	»
Id.	— imp. extr.........	61	»	»
Id.	1695, octr. ord.........	704	13	2
Id.	— imp. extr.........	1501	10	1
Queyssac, en 1576...............		30	8	1
Id.	1577................	40	9	2
Id.	1578................	46	7	3
Id.	1579................	51	12	»
Id.	1608................	82	12	6
Id.	1634, octr. ord........	81	5	»
Id.	— imp. extr.........	130	9	8
Id.	1647, octr. ord........	285	»	»
Id.	— imp. extr.........	25	»	»
Id.	1695, octr. ord........	285	11	3
Id.	— imp. extr.........	10.J3	14	5
Saillac, en 1576................		23	1	8
Id.	1577................	32	»	9
Id.	1578................	37	3	2
Id.	1579................	41	7	5
Id.	1608................	68	5	8
Id.	1634, octr. ord.........	66	5	»
Id.	— imp. extr..........	106	8	»
Id.	1647, octr. ord.........	218	10	»
Id.	— imp. extr..........	18	»	»
Id.	1695, octr. ord.........	211	3	»
Id.	— imp. extr..........	749	11	6

---

(1) Cette taxe de 9 livres doit être inexacte; le cahier de la session de 1634 ne nous a pas permis de la rectifier.

		l	s	d
Sérilhac, en 1576		91	14	1
Id.	1577	46	6	»
Id.	1578	133	9	6
Id.	1579	147	11	11
Id.	1608	268	»	»
Id.	1634, octr. ord	261	5	»
Id.	— imp. extr	419	10	10
Id.	1647, octr. ord	904	»	»
Id.	— imp. extr	87	»	»
Id.	1695, octr. ord	908	10	5
Id.	— imp. extr	3225	4	10
Servières, en 1576		317	»	»
Id.	1577	421	19	2
Id.	1578	455	»	»
Id.	1579	455	»	»
Id.	1608	841	9	»
Id.	1634, octr. ord	778	»	»
Id.	— imp. extr	1249	13	2
Id.	1647, octr. ord	2908	10	»
Id.	— imp. extr	280	»	»
Id.	1695, octr. ord	2941	8	11
Id.	— imp. extr	10409	5	8
Sioniac, en 1576		14	18	4
Id.	1577	20	1	5
Id.	1578	21	15	9
Id.	1579	24	»	4
Id.	1608	30	2	8
Id.	1634, octr. ord	40	»	»
Id.	— imp. extr	74	5	»
Id.	1647, oct. ord	163	»	»
Id.	— imp. extr	14	»	»
Id.	1695, octr. ord	162	8	2
Id.	— imp. extr	573	16	7
St-Bazile-de-Meyssac, en 1576		34	4	6
Id.	1577	44	14	2
Id.	1578	37	8	»
Id.	1579	41	12	3

		l	s	d
St-Bazile-de-Meyssac, en 1608............		93	17	»
Id.	1634, octr. ord...	91	»	»
Id.	— imp. extr..	146	2	8
Id.	1647, octr. ord..	308	10	»
Id.	— imp. extr..	29	»	»
Id.	1695, octr. ord..	310	7	4
Id.	— imp. extr..	1101	15	8
Saint-Cernin, en 1576...................		31	18	»
Id.	1577................	42	9	1
Id.	1578................	46	11	6
Id.	1579................	51	15	3
Id.	1608................	90	10	»
Id.	1634, octr. ord........	91	10	»
Id.	— imp. extr........	147	8	»
Id.	1647, octr. ord........	290	»	»
Id.	— imp. extr........	27	»	»
Id.	1695, octr. ord........	292	10	4
Id.	— imp. extr........	1038	8	2
Saint-Geniez, en 1576...................		29	12	2
Id.	1577................	39	8	»
Id.	1578................	46	5	5
Id.	1579................	50	10	7
Id.	1608................	86	4	7
Id.	1634, octr. ord........	84	»	»
Id.	— imp. extr........	134	17	6
Id.	1647, octr. ord........	277	»	»
Id.	— imp. extr........	23	»	»
Id.	1695, octr. ord........	282	8	2
Id.	— imp. extr........	1002	10	7
St-Hilaire-de-Cornil, en 1576............		27	12	8
Id.	1577............	50	1	1
Id.	1578............	57	3	8
Id.	1579............	62	13	2
Id.	1608............	129	12	»
Id.	1634, octr. ord..	129	3	»
Id.	— imp. extr..	207	»	2

		l	s	d
St-Hilaire-de-Cornil, en 1647, octr. ord..		429	10	»
Id.	— imp. extr..	42	»	»
Id.	1695, octr. ord ..	425	4	10
Id.	— imp. extr..	1509	11	10
Saint-Julien-Maumont, en 1576............		34	11	10
Id.	1577............	120	10	6
Id.	1578...........	52	»	»
Id.	1579...........	57	17	3
Id.	1608...........	96	3	»
Id.	1634, octr. ord.	93	10	»
Id.	— imp. extr.	150	3	4
Id.	1647, octr. ord.	212	15	»
Id.	— imp. extr.	20	»	»
Id.	1695, octr. ord.	225	7	5
Id.	— imp. extr.	790	1	»
Tudeils, en 1576......................		32	3	10
Id.	1577.....................	42	16	2
Id.	1578.....................	46	18	»
Id.	1579.....................	52	3	11
Id.	1608.....................	50	10	»
Id.	1634, octr. ord............	90	»	»
Id.	— imp. extr............	144	12	»
Id.	1647, octr. ord............	312	»	»
Id.	— imp. extr............	29	»	»
Id.	1695, octr. ord	314	10	4
Id.	— imp. extr............	1116	10	2
Turenne, en 1576.....................		13	11	4
Id.	1577.....................	136	11	2
Id.	1578.....................	140	»	»
Id.	1579.....................	140	»	»
Id.	1608.....................	260	3	9
Id.	1634, octr. ord...........	250	»	»
Id.	— imp. extr...........	400	11	»
Id.	1647, octr. ord...........	768	»	»
Id.	— imp. extr...........	70	»	»
Id.	1695, octr. ord	745	18	4
Id.	— imp. extr...........	2603	12	2

	l	s	d
Ussac, en 1576	73	4	6
Id. 1577	97	9	1
Id. 1578	110	7	8
Id. 1579	122	18	»
Id. 1608	212	4	8
Id. 1634, octr. ord	206	11	»
Id. — imp. extr	332	»	2
Id. 1647, octr. ord	708	10	»
Id. — imp. extr	66	»	»
Id. 1695, octr. ord	718	7	4
Id. — imp. extr	2550	3	8
Végennes, en 1576	42	6	7
Id. 1577	56	6	5
Id. 1578	62	12	5
Id. 1579	69	14	9
Id. 1608	123	5	»
Id. 1634, octr. ord	121	»	»
Id. — imp. extr	194	7	1
Id. 1647, octr. ord	399	»	»
Id. — imp. extr	34	»	»
Id. 1695, octr. ord	400	19	4
Id. — imp. extr	1423	7	8
Venarsal, en 1576	6	17	
Id. 1577	9	2	
Id. 1578	11	10	8
Id. 1579	12	10	4
Id. 1608	17	1	»
Id. 1634, octr. ord	28	14	»
Id. — imp. extr	45	5	6
Id. 1647, octr. ord	91	10	»
Id. — imp. extr	8	»	»
Id. 1695, octr. ord	93	14	7
Id. — imp. extr	332	14	1

Les impôts votés par les Etats de Quercy se

répartissaient de la façon suivante entre les paroisses qui composaient cette partie de la vicomté :

		l	s	d
Alvignac, en 1579		17	6	11
Id.	1634	84	13	3
Id.	1637	107	12	10
Id.	1643	254	17	6
Id.	1661, octr. ord.	225	7	10
Id.	— imp. extr.	59	»	2
Id.	1663	275	16	5
Id.	1676, octr. ord.	225	10	1
Id.	— imp. extr.	355	3	»
Id.	1722, octr. ord.	226	8	8
Id.	— imp. extr.	125	9	7
Bétaille, en 1579		54	15	7
Id.	1634	263	17	6
Id.	1637	335	6	4
Id.	1643	769	5	3
Id.	1661, octr. ord.	695	12	3
Id.	— imp. extr.	182	2	5
Id.	1663	851	6	10
Id.	1676, octr. ord.	695	19	3
Id.	— imp. extr.	1096	»	»
Id.	1722, octr. ord.	695	17	4
Id.	— imp. extr.	385	12	5
Beyssac, en 1579		16	10	»
Id.	1634	75	6	7
Id.	1637	95	14	8
Id.	1643	219	8	»
Id.	1661, octr. ord.	199	1	6
Id.	— imp. extr.	52	2	8
Id.	1663	127	1	3
Id.	1676, octr. ord.	199	6	1
Id.	— imp. extr.	313	»	»
Id.	1722, octr. ord.	200	6	»
Id.	— imp. extr.	110	16	8

— 263 —

		l	s	d
Blanzaguet, en 1579..................		10	16	4
Id.	1634...................	21	4	2
Id.	1637...................	26	19	1
Id.	1643...................	61	18	»
Id.	1661, octr. ord.........	54	10	»
Id.	— imp. extr.........	14	5	4
Id.	1663...................	66	11	7
Id.	1676, octr. ord.........	54	10	8
Id.	— imp. extr.........	85	17	»
Id.	1722, octr. ord.........	51	15	2
Id.	— imp. extr.........	30	6	10
Bourzoles, en 1579...................		5	10	»
Id.	1634...................	24	5	6
Id.	1637...................	30	16	10
Id.	1643...................	70	15	»
Id.	1661, octr. ord.........	65	1	5
Id.	— imp. extr.........	13	12	6
Id.	1663...................	79	11	8
Id.	1676, octr. ord.........	65	2	7
Id.	— imp. extr.........	102	»	»
Id.	1722, octr. ord.........	65	7	6
Id.	— imp. extr.........	36	4	6
Cavagnac, en 1579..................		25	6	6
Id.	1634...................	160	13	7
Id.	1637...................	204	1	1
Id.	1643...................	468	3	3
Id.	1661, octr. ord.........	420	10	»
Id.	— imp. extr.........	111	13	4
Id.	1663...................	521	19	10
Id.	1676, octr. ord.........	426	13	6
Id.	— imp. extr.........	672	»	»
Id.	1722, octr. ord.........	428	9	2
Id.	— imp. extr.........	237	8	6
Cléjouls, en 1579.....................		4	2	1
Id.	1634....................	19	16	4
Id.	1637....................	25	3	7
Id.	1643....................	57	17	»

	l	s	d
Cléjouls, en 1661, octr. ord............	52	7	»
Id. — imp. extr............	13	11	»
Id. 1663....................	63	19	»
Id. 1676, octr. ord............	52	7	3
Id. — imp. extr............	82	9	6
Id. 1722, octr. ord............	52	9	8
Id. — imp. extr............	29	1	8
Creysse, en 1579....................	48	1	»
Id. 1631....................	173	9	7
Id. 1637....................	220	14	7
Id. 1643....................	505	6	3
Id. 1661, octr. ord............	451	14	»
Id. — imp. extr............	19	1	2
Id. 1663....................	545	10	10
Id. 1676, octr. ord............	455	2	2
Id. — imp. extr............	716	16	»
Id. 1722, octr. ord............	457	19	»
Id. — imp. extr............	253	15	»
Cressensac, en 1579....................	48	8	6
Id. 1634....................	220	8	5
Id. 1637....................	280	2	8
Id. 1643....................	632	10	»
Id. 1661, octr. ord............	575	5	2
Id. — imp. extr............	150	11	5
Id. 1663....................	703	15	8
Id. 1676, octr. ord............	575	11	10
Id. — imp. extr............	906	11	»
Id. 1722, octr. ord............	578	2	»
Id. — imp. extr............	320	8	»
Cuzance, en 1579....................	49	10	6
Id. 1634....................	244	1	6
Id. 1637....................	310	16	»
Id. 1643....................	712	18	6
Id. 1661, octr. ord............	652	2	9
Id. — imp. extr............	170	15	»
Id. 1663....................	794	5	2

		l	s	d
Cuzance, en 1676, octr. ord............		652	12	1
Id.	— imp. extr............	1027	17	»
Id.	1722, octr. ord............	655	5	»
Id.	— imp. extr...........	263	2	4
Floirac, en 1579.....................		20	19	»
Id.	1634.................	85	4	10
Id.	1637.................	108	11	5
Id.	1643.................	248	4	»
Id.	1661, octr. ord............	237	12	6
Id.	— imp. extr............	62	4	3
Id.	1663.................	290	7	3
Id.	1676, octr. ord............	237	16	6
Id.	— imp. extr............	672	»	»
Id.	1722, octr. ord............	238	16	10
Id.	— imp. extr............	132	7	1
Gagnac, en 1579.....................		48	10	10
Id.	1634.................	173	3	2
Id.	1637.................	220	»	8
Id.	1643.................	490	»	10
Id.	1661, octr. ord............	434	13	»
Id.	— imp. extr............	14	2	»
Id.	1663.................	456	7	8
Id.	1676, octr. ord............	434	18	4
Id.	— imp. extr............	685	»	»
Id.	1722, octr. ord............	406	4	6
Id.	— imp. extr............	225	2	4
Gignac, en 1579.....................		79	6	6
Id.	1634.................	314	5	1
Id.	1637.................	437	9	11
Id.	1643.................	1003	7	»
Id.	1661, octr. ord............	905	5	»
Id.	— imp. extr............	237	3	»
Id.	1663.................	1107	19	7
Id.	1676, octr. ord............	905	10	10
Id.	— imp. extr............	1426	17	»
Id.	1722, octr. ord............	909	13	10
Id.	— imp. extr............	504	2	5

		l	s	d
Gluges, en	1579	5	18	10
Id.	1634	37	1	6
Id.	1637	47	1	6
Id.	1643	107	13	»
Id.	1661, pas de taxe	»	»	»
Id.	1663	118	19	9
Id.	1676, octr. ord	97	6	7
Id.	— imp. extr	153	5	2
Id.	1722, octr. ord	99	2	6
Id.	— imp. extr	54	17	11
Laval, en	1579	5	3	5
Id.	1634	23	5	»
Id.	1637	29	11	3
Id.	1643	70	16	7
Id.	1661, octr. ord	60	5	2
Id.	— imp. extr	15	15	6
Id.	1663	73	2	4
Id.	1676, octr. ord	60	5	5
Id.	— imp. extr	94	18	6
Id.	1722, octr. ord	60	9	8
Id.	— imp. extr	33	10	4
Martel, en	1579	51	24	»
Id.	1634	212	8	5
Id.	1637	212	5	8
Id.	1643	609	18	»
Id.	1661, octr. ord	500	»	»
Id.	— imp. extr	132	11	3
Id.	1663	530	5	»
Id.	1676, octr. ord	518	15	»
Id.	— imp. extr	795	15	6
Id.	1722, octr. ord	505	85	»
Id.	— imp. extr	280	1	6
Mayrac, en	1579	18	3	»
Id.	1634	76	12	8
Id.	1637	97	7	9
Id.	1643	223	6	»
Id.	1661, octr. ord	205	1	8
Id.	— imp. extr	53	14	»

		l	s	d
Mayrac, en 1663...............		253	»	3
Id.	1676, octr. ord...........	205	4	8
Id.	— imp. extr...........	323	4	9
Id.	1722, octr. ord...........	206	2	6
Id.	— imp. extr...........	114	4	6
Mayraguet, en 1579..............		5	12	11
Id.	1634...............	19	16	4
Id.	1637...............	25	3	7
Id.	1643...............	57	17	»
Id.	1661, octr. ord...........	52	7	»
Id.	— imp. extr...........	13	14	»
Id.	1663...............	63	19	»
Id.	1676, octr. ord...........	52	7	3
Id.	— imp. extr...........	82	9	6
Id.	1722, octr. ord...........	52	11	8
Id.	— imp. extr...........	29	2	10
Montvalent, en 1579.............		33	15	10
Id.	1634...............	114	11	2
Id.	1637...............	145	11	5
Id.	1643...............	334	1	»
Id.	1661, octr. ord...........	305	4	8
Id.	— imp. extr...........	29	9	3
Id.	1663...............	373	11	4
Id.	1676, octr. ord...........	305	8	11
Id.	— imp. extr...........	481	2	»
Id.	1722, octr. ord...........	306	15	6
Id.	— imp. extr...........	169	19	11
Murel, en 1579................		12	6	9
Id.	1634...............	61	7	3
Id.	1637...............	80	11	6
Id.	1643...............	180	10	6
Id.	1661, octr. ord...........	161	19	4
Id.	— imp. extr...........	42	8	5
Id.	1663...............	198	1	6
Id.	1676, octr. ord...........	162	1	5
Id.	— imp. extr...........	255	5	5
Id.	1722, octr. ord...........	162	14	»
Id.	— imp. extr...........	90	3	2

		l	s	d
Reyrevignes, en 1579		11	6	3
Id.	1631	47	1	8
Id.	1637	60	9	3
Id.	1643	138	11	»
Id.	1661, octr. ord	125	7	7
Id.	— imp. extr	26	5	3
Id.	1663	153	6	5
Id.	1676, octr. ord	125	9	8
Id.	— imp. extr	197	»	»
Id.	1722, octr. ord	126	7	8
Id.	— imp. extr	70	10	»
Rignac, en 1579		31	15	6
Id.	1634	183	7	»
Id.	1637	233	10	4
Id.	1643	538	9	6
Id.	1661, octr. ord	490	3	»
Id.	— imp. extr	128	6	9
Id.	1663	590	18	8
Id.	1676, octr. ord	490	10	5
Id.	— imp. extr	772	11	»
Id.	1722, octr. ord	492	17	6
Id.	— imp. extr	273	3	3
Sarrazac, en 1579		80	»	»
Id.	1634	367	»	1
Id.	1637	466	10	1
Id.	1643	1070	5	6
Id.	1661, octr. ord	960	4	10
Id.	— imp. extr	251	7	11
Id.	1663	1174	19	»
Id.	1676, octr. ord	960	17	3
Id.	— imp. extr	1511	8	»
Id.	1722, octr. ord	964	18	6
Id.	— imp. extr	534	14	6
Saint-Bonnet, en 1579		35	3	7
Id.	1634	199	2	»
Id.	1637	203	»	5
Id.	1643	580	4	3

		l	s	d
Saint-Bonnet, en 1661, octr. ord........		521	16	6
Id.	— imp. extr........	136	12	4
Id.	1663.................	638	13	3
Id.	1676, octr. ord........	508	15	»
Id.	— imp. extr........	822	»	»
Id.	1722, octr. ord........	525	6	»
Id.	— imp. extr........	260	19	»
Saint-Céré, en 1579.................		218	18	8
Id.	1631.................	1662	9	9
Id.	1637.................	2112	15	»
Id.	1643.................	4800	16	10
Id.	1661 (1), octr. ord.....	1359	11	4
Id.	— imp. extr........	356	17	8
Id.	1663 (2)...............	1127	10	7
Id.	1676 (3), octr. ord.....	1362	13	8
Id.	— imp. extr........	2154	9	3
Id.	1722, octr. ord........	1368	13	»
Id.	— imp. extr........	758	9	2
Saint-Denis, en 1579, pas de taxe..........		»	»	»
Id.	1631.................	96	16	3
Id.	1637.................	123	»	8
Id.	1643.................	285	2	8
Id.	1661, octr. ord........	257	18	2
Id.	— imp. extr........	67	10	7
Id.	1663.................	315	13	3
Id.	1676, octr. ord........	258	1	5
Id.	— imp. extr........	406	9	»
Id.	1722, octr. ord........	259	3	2
Id.	— imp. extr........	145	12	4

---

(1) Les paroisses de la châtellenie de Saint Céré payaient en outre, en 1661, 2,726 livres 4 sols et 6 deniers.

(2) En 1663, les paroisses de la châtellenie payaient en outre 2,862 livres 10 sols 10 deniers.

(3) En plus de cette taxe, les paroisses de la châtellenie payaient, en 1676, 2,725 livres 13 sols 4 deniers d'octroi direct, et 4,368 livres 18 sols et 6 deniers d'impôts extraordinaires.

— 270 —

		l	s	d
Saint-Félix, en 1579..................		7	5	1
Id.	1634.....................	29	8	6
Id.	1637.....................	36	8	5
Id.	1643.....................	85	19	2
Id.	1661, octr. ord...........	77	18	1
Id.	— imp. extr...........	20	8	»
Id.	1663.....................	95	7	»
Id.	1676, octr. ord...........	77	18	1
Id.	— imp. extr...........	122	9	»
Id.	1722, octr. ord...........	78	3	6
Id.	— imp. extr...........	43	6	7
Saint-Hilaire, en 1579................		4	3	»
Id.	1634.....................	19	2	2
Id.	1637.....................	21	5	»
Id.	1643.....................	54	3	4
Id.	1661, octr. ord...........	48	10	6
Id.	— imp. extr...........	12	14	1
Id.	1663.....................	58	17	8
Id.	1676, octr. ord...........	48	6	8
Id.	— imp. extr...........	76	8	9
Id.	1722, octr. ord...........	48	14	4
Id.	— imp. extr...........	28	19	11
Saint-Michel, en 1579................		22	5	»
Id.	1634.....................	105	»	10
Id.	1637.....................	133	9	8
Id.	1643.....................	307	1	»
Id.	1661, octr. ord...........	280	»	»
Id.	— imp. extr...........	73	6	»
Id.	1663.....................	341	3	3
Id.	1676, octr. ord...........	280	4	»
Id.	— imp. extr...........	441	6	4
Id.	1722, octr. ord...........	281	8	3
Id.	— imp. extr...........	155	19	3
Saint-Palavy, en 1579................		15	12	6
Id.	1634.....................	77	2	2
Id.	1637.....................	98	10	11
Id.	1643.....................	224	15	»

		l	s	d
Saint-Palavy, en 1661, octr. ord.........		203	10	7
Id.	— imp. extr.........	53	5	9
Id.	1663...............	266	2	1
Id.	1676, octr. ord.........	203	13	9
Id.	— imp. extr........	310	16	»
Id.	1722, octr. ord.........	204	10	»
Id.	— imp. extr........	113	6	6
Saint-Sozy, en 1579...................		29	11	6
Id.	1634...............	98	19	6
Id.	1637...............	127	1	8
Id.	1643...............	288	7	6
Id.	1661, octr. ord.........	257	19	»
Id.	— imp. extr.........	7	8	6
Id.	1663...............	44	16	1
Id.	1676, octr. ord.........	257	13	2
Id.	— imp. extr.........	405	16	»
Id.	1722, octr. ord.........	258	15	2
Id.	— imp. extr.........	143	7	11
Valayrac, en 1579...................		14	15	5
Id.	1634...............	48	8	10
Id.	1637...............	61	11	2
Id.	1643...............	141	11	6
Id.	1661, octr. ord.........	127	10	8
Id.	— imp. extr.........	33	7	10
Id.	1663...............	155	16	9
Id.	1676, octr. ord.........	127	12	5
Id.	— imp. extr.........	201	»	»
Id.	1722, octr. ord.........	123	3	2
Id.	— imp. extr.........	71	»	7

Aux paroisses quercinoises qui précèdent, il convient d'en ajouter quelques autres qui ne figurent pas dans la plupart des états de répartition, mais furent assujéties à la taxe une ou deux fois. Voici les noms de ces paroisses, qui appartiennent toutes à la province du Quercy, avec l'indication des années où elles furent astreintes à payer une quote-part des charges de la vicomté et le taux de leur imposition :

	l	»	d
Autoire, en 1661	743	7	6
Id. 1722, octr. ord	306	19	8
Id. — imp. extr	170	2	6
Cahus, en 1676	30	10	»
Id. 1722, octr. ord	30	10	»
Id. — imp. extr	16	18	»
Saint-Médard, en 1722, octr. ord......	572	3	4
Id. — imp. extr......	317	1	»
Saint-Jean, en 1722, octr. ord......	403	12	6
Id. — imp. extr......	223	13	6
Belmont, en 1722, octr. ord	153	6	2
Id. — imp. extr	80	10	1
Saint-Laurent, en 1722, octr. ord	273	»	»
Id. — imp. extr	151	5	9
Saint-Vincent en 1722, octr. ord........	480	2	»
Id. — imp. extr......	266	1	1
Frayssinhes, en 1722, octr. ord........	220	13	2
Id. — imp. extr........	122	5	7
Lentillac, en 1722, octr. ord	327	4	8
Id. — imp. extr............	181	7	1

Les charges de la vicomté s'étaient encore accrues en 1722 ; mais grâce à l'adjonction de ces dernières paroisses, la taxe des autres communautés du Quercy ne fut pas sensiblement modifiée.

CHAPITRE XIV.

LES ÉLUS, SYNDICS OU COLLECTEURS.

Les élus étaient, dans le principe, nommés par les Etats. — Ils recevaient l'investiture du vicomte. — Ils étaient choisis parmi les membres des Etats. — Leur nombre. — Ordonnance du 23 août 1525. — Les élus sont remplacés par des syndics-collecteurs. — Les assemblées des paroisses nomment les syndics. — Droits et devoirs de ces commissaires. — Date de leur élection. — Leur règle de conduite est tracée par les Etats. — Les mandes. — Elles sont rendues exécutoires par le sénéchal. — Echéance des cotisations. — Bureau du trésorier. — Cotes irrécouvrables.

Quand les Etats avaient réparti par paroisses le montant de l'imposition, il restait encore à établir la taxe de chaque contribuable et à en opérer la perception. Ce double travail était fait par des délégués spéciaux, appelés d'abord *Elus* et plus tard *Syndics* ou *Collecteurs*.

Ces délégués tenaient leurs pouvoirs du vicomte

et des États qui, ordonnant la levée des deniers, devaient en assurer et en réglementer la cotisation. En réalité, le vicomte n'intervenait que pour leur donner l'investiture, rendre leurs actes exécutoires en son nom. Ils étaient les représentants du corps des États, sous sa surveillance directe, responsables de leur gestion vis-à-vis de lui.

Avant l'institution du syndic général de la noblesse, alors que les gentilshommes de la vicomté assistaient en personne aux assemblées, les commissaires, chargés de répartir et de lever l'impôt, étaient pris dans le corps même des États. Une ordonnance de 1525, rendue par le vicomte François de La Tour, « assisté des gens desdits Estatz », porte que les deniers à percevoir sur les habitants de la vicomté seront répartis et cotisés par quatre gentilshommes, deux consuls de Beaulieu et un des syndics de Servières; le vicomte, y est-il dit, « donnant par ces présentes ausditz esleus plein pouvoir et authorité de ce faire comme si nous et nosseigneurs desditz Estatz estions présans » (1). Cette ordonnance modifiait évidemment une organisation antérieure. Les collecteurs étaient, sans doute, plus nombreux; il est probable que chacun des membres des États faisait dans l'étendue de sa châtellenie, dans la commu-

---

(1) *Pièces justif.*, n° VIII, pp. 65 et 66.

nauté qu'il représentait, la taxe des contribuables et la levée des fonds. Agissant directement sur les gens de leur entourage, sur leurs vassaux, sur leurs électeurs, ils n'offraient pas de suffisantes garanties d'indépendance et d'impartialité. Les abus n'étaient pas rares. Des plaintes furent adressées aux Etats qui en comprirent la légitimité, et « pour le soulagement du païs », obtinrent de François de la Tour l'ordonnance du 23 août 1525 réduisant à sept le nombre des collecteurs, les désignant d'avance et limitant leur mandat à une année.

Les commissaires nommés étaient de véritables Elus; ils en avaient le titre et en remplissaient les fonctions. Ils devaient agir de concert. Mais la présence des sept élus n'était pas obligatoire; pour la validité de leurs décisions, il suffisait qu'elles aient été prises par deux des gentilshommes, assistés des deux consuls de Beaulieu et du syndic de Servières. Le comité pouvait s'adjoindre un noble pour représenter le vicomte.

Ainsi constituée, la commission des répartiteurs se transportait de paroisse en paroisse pour procéder à ses travaux. Elle convoquait les contribuables à ses assises, écoutait leurs doléances, jugeait leurs réclamations, établissait les cotes de chacun et percevait les fonds (1).

---

(1) Voy. Assises de Limosin et Assises de Quercy; *Pièces justif.*, n° VIII, pp. 65 à 71.

Les élus disparurent au milieu du xv® siècle avec la constitution primitive des Etats. La noblesse n'avait plus qu'un seul représentant dans l'assemblée. Tous les autres députés étaient des consuls et des syndics des villes, représentants élus. Un esprit démocratique avait soufflé sur l'ancienne institution féodale, l'avait rajeunie. Il n'est pas étonnant que les Etats, reconstitués sur ces nouvelles bases, aient rompu avec les vieilles traditions, et qu'au lieu de fournir et de désigner eux-mêmes les délégués chargés de faire la taxe individuelle et la rentrée de l'impôt, ils se soient reposés de ce soin sur les assemblées de paroisses.

Les communautés qui, à l'exception des sept villes de la vicomté, étaient restées jusqu'à ce jour étrangères à la vie politique et à l'administration de leurs propres finances, se voyaient ainsi appelées à jouer un petit rôle; elles avaient leur part de responsabilité et concouraient, dans une mesure modeste, à la gestion des affaires du pays.

Il ne faut pas croire toutefois que les Etats aient abandonné la nomination des syndics-collecteurs aux paroisses sans leur tracer des règles de conduite. La fonction était des plus délicates. Si on la confiait à des hommes inhabiles ou malintentionnés, la porte s'ouvrait aux injustices et aux exactions. D'autre part, le collecteur, responsable des rentrées, obligé, comme un agent du fisc, d'user souvent des voies de rigueur, mal accueilli par les contribuables, avait un rôle difficile. Il fallait, au besoin, le contraindre à le remplir. Dans la session tenue à Argentat le 1ᵉʳ septembre 1643, les députés du Limousin s'efforcèrent de prévenir ces abus. Pour éviter tout retard dans la confection et la mise en recouvrement des cotes, ils décident que la nomination des syndics-collecteurs aura lieu au mois de janvier, un jour de dimanche, à l'issue de la grand'messe, par les habitants des paroisses, à la pluralité des voix. Ces habitants, disent-ils, « prendront garde de choisir des gens idoines et capables de faire ladite charge et qui ne s'en puissent faire descharger par des excuses de droit, comme par l'âge, maladie et autres, lesquels syndics et cottisateurs seront par même moyen collecteurs desdits deniers l'année de leur charge, tenus et chargés de faire la cottisation selon Dieu et conscience, le fort portant le foible eu esgard aux biens, fortunes et commodités d'un chascun, sans que l'année de leur charge ils puissent se descharger ny diminuer leur taux de l'année précédente ny ceux de leurs proches parens, de leur authorité et sans connoissance de cause à peine du quadruple employable au proffit de la paroisse et de dix livres d'amende applicable à Monseigneur (1) ». Si les collecteurs sont accusés d'avoir, par passion ou malice,

---

(1) Archives nationales, R² 494.

chargé les uns et déchargé les autres, le vicomte enverra des commissaires qui instruiront les plaintes, puniront les coupables ou poursuivront les auteurs des dénonciations calomnieuses. Entièrement responsables de leur travail, les syndics collecteurs le feront eux-mêmes, ne seront assistés que d'un scribe étranger à la commune et désintéressé (1).

Un règlement identique fut voté, quelques jours après, par les Etats de Quercy. Ce sont les mêmes recommandations qui sont faites aux paroisses pour le choix de leurs collecteurs et les mêmes mesures qui sont prises pour éviter les fraudes et les exactions des élus. Il y est dit que les syndics et collecteurs ne seront nommés que pour une année et ne seront rééligibles qu'après un intervalle de trois ans (2).

Le greffier des Etats était chargé de faire autant d'extraits du rôle de la répartition générale par paroisses qu'il y avait de paroisses intéressées. A chacune d'elles il envoyait l'extrait qui la concernait, sous forme de mande, au nom du vicomte et des gens des Etats, portant la somme à cotiser sur la paroisse, enjoignant de nommer sans retard les syndics-collecteurs et rappelant les prescriptions du règlement de 1643 (3).

---

(1) Archives nationales, R2 494.
(2) *Pièces justif.*, n° XX.
(3) *Pièces justif.*, n° XXI.

Un rôle des cotisations individuelles était alors dressé par les collecteurs « en Dieu et conscience » et soumis à la vérification du sénéchal qui le rendait exécutoire. Ils étaient responsables de la rentrée des fonds (1).

La perception se faisait en deux termes, l'un échéant à la Saint-Jean et l'autre à la Noël. Après la levée de chaque terme, les fonds étaient versés par les syndics-collecteurs dans la caisse du trésorier. Pour faciliter leur tâche et éviter des retards dans les versements, le receveur était tenu d'avoir son bureau ouvert « en la ville de Turenne et d'y demeurer le temps nécessaire, qui ne peut être que de deux mois pour le moins après chascun desdits pactes » à peine de consignation des deniers, de dépens et de dommages-intérêts. Il devait décharger les collecteurs des cotes irrecouvrables, quand il était justifié des diligences vainement faites pour les recouvrements (2).

---

(1) *Pièces justif.*, n° XXXV.
(2) *Pièces justif.*, n° XXIV; voy. aussi, pour les cotes irrecouvrables, *pièces justif.*, n° XXV.

CHAPITRE XV.

LA PROCÉDURE ET LES DÉPENS.

Les procès fiscaux. — Ils doivent être jugés gratuitement. — Le sénéchal perçoit des émoluments. — Plaintes des justiciables. — Règlements de 1642 et de 1661. — Date de l'envoi des mandes. — Délai accordé aux contribuables pour se libérer. — Droit de quittance. — Les contraintes. — Elles sont soumises à l'examen du sénéchal. — Instruction sommaire des réclamations. — Les insolvables et les exempts. — Résistance du sénéchal au règlement de 1661. — Il gagne le vicomte à sa cause. — Les Etats maintiennent leur règlement.

Si les membres des Etats faisaient acte d'administrateurs en intentant ou dirigeant les procès dans lesquels l'intérêt public se trouvait engagé, ils étaient de véritables législateurs lorsqu'ils prescrivaient la procédure à suivre dans les plus fréquents de ces procès, dans ceux qui étaient relatifs au recouvrement des finances de la vicomté.

L'assemblée de 1642 avait décidé que toutes les contestations qui naîtraient à l'occasion de la levée des deniers seraient jugées gratuitement par les officiers du vicomte de Turenne (1). Il paraît que ce règlement avait reçu la sanction des cours des Aydes de Clermont et de Montauban (2). Le juge du vicomté y perdait sans doute le meilleur de ses profits. Aussi ne tarda-t-il pas à s'écarter peu à peu de la règle qui lui avait été imposée, et finit-il par l'enfreindre ouvertement.

Quelques justiciables se plaignirent, dans une requête adressée aux Etats de Quercy de 1661, des perceptions illégales dont ils étaient victimes : et, pour appuyer leur réclamation sur des preuves irréfutables, ils produisirent des appointements et des ordonnances mises au bas de requêtes, pour lesquels les officiers du sénéchal avaient pris « des esmolumens et sommes excessives. » L'abus était criant, d'autant plus inexcusable que le vicomte de Turenne avait assisté en personne aux Etats de 1642 et approuvé la décision qui imposait à son sénéchal de juger gratuitement toutes les affaires de contributions.

---

(1) Archives nationales, R² 491.
(2) Pièces justif., n° XXV.

Les députés de 1661 ne pouvaient que confirmer le règlement fait par leurs prédécesseurs de 1642. Ils y ajoutèrent certains articles relatifs à la mise à exécution des mandes et à la poursuite des mauvais payeurs, firent, en un mot, un véritable code fiscal.

Il fallait tout d'abord ne pas laisser à l'arbitraire du greffier la fixation de l'époque du recouvrement des cotes. Les Etats arrêtent qu'à l'avenir les mandes ne seront envoyées que par leur ordre et sur l'avis conforme du vicomte.

Des erreurs s'étaient glissées dans les taxes antérieurement faites par le greffier. Le receveur avait perçu des droits qui n'étaient pas dus. Quelques contribuables se plaignaient de ces surcharges et se disaient victimes d'exactions. En présence de ces accusations, une vérification des comptes du receveur était nécessaire. Les Etats ordonnent qu'il y sera procédé par le premier consul de Martel et les premiers syndics de Saint-Céré et de Gagnac.

Après avoir fixé l'époque de l'envoi des mandes, il était sage d'accorder aux contribuables un délai pour se libérer. Les collecteurs n'avaient aucun ménagement. Les habitants étaient souvent « pressés avant le terme à payer echeu et mal traités par l'envoy de sergens y assistant en plus grand nombre qu'il est nécessaire ». C'était une cause de frais dont le montant dépassait quelquefois celui des deniers imposés. Pour porter remède à cet abus, l'assemblée de 1661 décide « que le sieur receveur ne pourra contraindre aucun sujet qu'un moys après chasque terme escheu et qu'il ne pourra faire aucune exécution que sur ceux qui resteront, et qu'il ne pourra faire qu'une seule quittance pour chasque pacte escheu et payement d'icelluy. »

Le receveur percevait un droit sur chaque quittance; de là son intérêt à en délivrer plusieurs à chaque habitant. Le droit à percevoir est taxé à cinq sols par quittance, et le receveur qui se permettrait d'exiger un émolument supplémentaire serait poursuivi pour exaction et puni conformément à la loi. Les communautés représentées aux Etats étaient exemptes de ce droit de cinq sols à raison des gages alloués par les députés au trésorier.

Dans les contraintes portées à la cour du sénéchal, le juge était invité à rechercher avec soin si tous les articles étaient dus; il devait en éliminer les impositions qui n'avaient pas été ordonnées par les Etats.

Pour que sa justice fût plus prompte, les causes étaient instruites sommairement. Le sénéchal appointait les requêtes sans frais et rendait ses sentences gratuitement.

S'il résultait d'un jugement que l'opposition à la contrainte était bien fondée, ou si l'insolvabilité du contribuable était constatée, le receveur émargeait la cote non payée en *debet* et arrêtait les poursuites. Il agissait de même quand les contestants établissaient qu'ils étaient exempts par « quelque privilége de noblesse ou autrement ». L'exemption ne pouvait être accueillie qu'après un avis conforme des syndics notifié au gouverneur de Turenne ou à ses officiers (1).

Par ce règlement de 1661, la situation des habitants de la vicomté fut sensiblement améliorée. Le peuple, encore plus que la noblesse, bénéficiait de cette énergique protection des États. On avait enfin mis un terme aux exactions des collecteurs et du trésorier. Le sénéchal lui-même se sentit surveillé et courbé sous la loi. C'est lui qui fut le plus récalcitrant au nouveau frein. Il ne désespéra pas de s'y soustraire. Sa qualité de fonctionnaire du vicomte le rendait absolument indépendant des États. De quel droit ceux-ci s'immisçaient-ils dans ses attributions et prétendaient-ils règlementer ses pouvoirs? Il n'eut pas de peine à gagner le vicomte à sa cause.

Le 18 mai 1663, le duc de Bouillon chargea Gédéon de Vassinhac de convoquer les États et commit son gouverneur, M. de Chaufours, pour

---

(1) *Pièces justif.*, n° XXV.

y prendre la parole en son nom et présenter ses observations sur le cahier de 1661. « Monseigneur de Turenne a trouvé, dit le Gouverneur, que lesdits Estats (de 1661) n'ont peu faire aucune inhibition et deffense aux officiers du sénéchal de Turenne comme ils les ont faites dans l'article cinquiesme du cayer desdits derniers Estats ; lesdits officiers s'estans plaincts ledit article estre couché en des termes en quelque façon injurieux pour eux et devoir estre par conséquent réformé ; ce que son Altesse Monseigneur le prince de Turenne a chargé M. de Chaufours de faire entendre à l'assemblée pour y rapporter une déclaration et réparation convenable (1). »

L'assemblée s'empressa de déclarer que l'article en question n'avait rien d'injurieux dans sa forme ni dans son esprit. Les inhibitions contenues dans le cahier de 1661, ajoutèrent les députés, ne sont qu'un rappel de celles inscrites dans le cahier de 1642, et le règlement de cette date a été délibéré sous la présidence du vicomte défunt. Nous nous bornons à exiger l'exécution d'une ordonnance qui émane du père du vicomte actuel. Aucune atteinte n'a été portée à l'autorité de son Altesse. Les Etats savent que leur juridiction est distincte de celle du sénéchal ; ils ne veulent rien usurper de

---

(1) *Pièces justif.*, n° XXVI.

ses droits ; mais ils entendent faire respecter les leurs.

La réponse était aussi nette que ferme ; il était difficile d'en contester la valeur et l'à-propos. Les Etats maintinrent le règlement voté en 1661. Les officiers du vicomte ne persistèrent pas dans leur réclamation.

CHAPITRE XVI.

IMPOSITIONS PARTICULIÈRES ET ACTES D'UNION.

I. Les paroisses sont placées sous la tutelle des Etats. — Elles ne peuvent s'imposer particulièrement sans leur autorisation. — Exemples d'impositions particulières. — Répartition et levée de ces impôts spéciaux. — La nécessité de recourir aux Etats est une gêne pour les communautés. — Les Etats de 1655 délèguent leur droit de contrôle au sénéchal. — L'assemblée de paroisse doit préalablement consentir à l'impôt. — II. Villages détachés de la vicomté. — Ils demandent à y entrer comme membres. — Les actes d'union sont consentis par les Etats.

De même que les communes sont aujourd'hui placées en quelque sorte sous la tutelle du pouvoir central, ainsi, dans la vicomté de Turenne, les paroisses étaient comme des mineurs sous l'autorité du vicomte et des Etats. Si elles pouvaient, après avoir rempli certaines formalités, contracter un emprunt, il leur était interdit de créer un impôt pour se libérer sans l'autorisation de l'assemblée. Voulaient-elles payer des travaux d'utilité publique ? avaient-elles besoin de fonds pour solder les frais d'un procès qui intéressait la communauté ? elles s'adressaient aux Etats qui leur permettaient de faire sur leurs habitants une levée extraordinaire de deniers. Cet impôt particulier était recouvré par les syndics ou par les collecteurs en même temps que la taille et suivant la même proportion ; il s'ajoutait à l'impôt ordinaire, comme les centimes additionnels de notre administration actuelle.

Les paroisses avaient assez fréquemment recours à ces impositions particulières. Celle de Gagnac notamment se trouve à plusieurs reprises dans la nécessité de solliciter l'autorisation de faire des appels de deniers. Trois compagnies du régiment de Vendôme étaient venues, en 1654, s'établir sur son territoire. Pour les déloger, les syndics avaient dépensé beaucoup d'argent. Les citoyens qui leur avaient avancé les fonds en réclamaient le remboursement. Les syndics ne pouvaient se libérer qu'en établissant un impôt spécial. Les Etats de 1661 leur permirent de lever sur eux-mêmes la somme de trois cent vingt livres (1).

En 1663, nouvelle dépense extraordinaire et

---

(1) *Pièces justif.*, n° XXV.

nouvelle requête présentée à l'assemblée. Il s'agissait cette fois des frais d'un procès que la communauté de Gagnac soutenait contre le comte de Clermont. Les syndics avaient envoyé un député à Paris. Une assemblée de paroisse leur avait permis d'emprunter la somme nécessaire pour ce voyage; mais il fallait désintéresser les prêteurs et trouver de nouvelles ressources pour mener à fin le procès. Ils demandent aux Etats « qu'il leur soit permis d'imposer sur eux-mêmes et sur les contribuables de ladite paroisse au sol la livre la somme de six cens livres, et qu'ils soit ordonné que les refusans seront contraincts par les mesmes voyes que pour les autres deniers accordés à Monseigneur (1). » L'assemblée de 1663 fit droit à la requête, autorisa une levée de six cents livres qui « sera faicte, lit-on dans le cahier, par les syndics de la présente année à la charge par eux d'en rendre compte à ladicte communauté. »

L'obligation de recourir aux Etats toutes les fois qu'une paroisse avait besoin de se créer des ressources, pouvait, en plus d'une circonstance, entraver la bonne administration de la communauté. Les prêteurs, ne sachant pas quand et comment ils recevraient le remboursement de leurs avances, imposaient des conditions plus onéreu-

---

(1) *Pièces justif.*, n° XXVI.

ses. Plusieurs années s'écoulaient quelquefois sans que le vicomte ordonnât de convoquer les membres de l'assemblée. Pendant ce temps, faute d'argent, les travaux commencés restaient en suspens, et les procès engagés se traînaient sans approcher d'une solution. Les créanciers se montraient exigeants. Il devenait difficile de trouver du crédit.

Ces inconvénients étaient de nature à frapper les esprits. Les syndics de Gagnac, qui en avaient sans doute particulièrement souffert, portèrent à ce sujet leurs doléances à l'assemblée. « Il pourroit arriver de grands préjudices, disaient-ils, s'il ne leur estoit pourveu de quelque moyen pour pouvoir lever sur eux des sommes extraordinaires pour leurs nécessités urgentes. » Leur requête était trop justifiée pour qu'il n'y fût pas fait droit. Aussi, les Etats de 1655 déclarèrent « qu'ils consentent que lesdictes communautés, après des actes d'un consentement général de leurs habitans qui contiennent les causes desdictes levées, puissent icelles faire en recourant préalablement à la permission du sénéchal de Turenne à qui lesdicts Estats commettent le pouvoir d'octroyer telles permissions soubz lesdicts consentemens publics et légitimement consentis par lesdictes communautés (1). » A leur contrôle direct, les Etats substituaient le

---

(1) *Pièces justif.*, n° XXIV.

consentement de l'assemblée de paroisse et l'autorisation du sénéchal. Avec cette double garantie, les levées inconsidérées de deniers n'étaient pas à craindre.

Dans leur session de 1703, les Etats confirmèrent ce règlement, en y ajoutant toutefois que la délibération de la communauté serait autorisée sans frais par le sénéchal de Turenne (1).

En autorisant les paroisses à s'imposer particulièrement et en règlementant ces impositions, les Etats jouaient le rôle d'une assemblée législative. C'est encore comme législateurs que les députés donnaient leur consentement aux actes d'union sollicités par les villages qui voulaient être rattachés plus étroitement à la vicomté.

Depuis le xve siècle, la vicomté de Turenne avait reçu son complet développement. Quelques agglomérations d'habitants y furent cependant incorporées dans la suite. Elles dépendaient d'une châtellenie qui était membre de la vicomté. Tout en relevant encore du vicomte pour les droits seigneuriaux, elles avaient cessé de payer la taille, mais aussi de bénéficier des ressources communes et peut-être des exemptions et des privilèges dont elles jouissaient autrefois. Ces villages se nommaient Laval, Nespoulet, Cosin, Casseilles, Lon-

---

(1) *Pièces justif.*, n° XXX.

guoyrou et Laymont ; ils étaient englobés dans la châtellenie de Gagnac. Leurs habitants estimèrent qu'ils avaient intérêt à rentrer dans la vicomté en qualité de membres et à se soumettre comme tels au paiement de la taille imposée par les Etats. Leur quote-part de la contribution ne devait pas être considérable ; elle ne s'élevait qu'à trente livres dix sols, calculée au prorata de la cote qui grevait l'ensemble de la châtellenie. Ils chargèrent leur syndic, un sieur Certain, de faire les démarches nécessaires.

Certain présenta leur requête aux Etats de Quercy tenus à Turenne, le 14 juillet 1722, et obtint sans difficulté leur union à la vicomté. L'assemblée décida que ces villages seraient taxés à trente livres dix sols et que cette somme viendrait en déduction de celle qui incombait à la châtellenie de Gagnac. L'ordonnance était rendue « de l'approbation de son Altesse Monseigneur, par les gens tenans les Estats (1). » L'intervention des Etats est très caractérisée et la procédure suivie par le syndic des réclamants ne laisse aucun doute sur leurs pouvoirs en ces matières. Les cahiers ne mentionnent que ce seul acte d'union.

---

(1) *Pièces justif.*, n° XXXIV.

CHAPITRE XVII.

ATTRIBUTIONS DIVERSES.

La gestion du trésorier est soumise à un contrôle. — Les Etats nomment les contrôleurs. — Leur nombre. — Le serment des fonctionnaires des Etats. — Il est prêté en séance. — Le règlement des séances. — Vérification des pouvoirs des délégués du vicomte. — Présentation des requêtes. — Réunion des Etats de Limousin et de Quercy en un seul corps. — Roulement établi entre les deux provinces pour les tenues d'Etats. — Fixation du nombre des députés. — Emission de vœux : la police, les étrangers et les notaires.

I

Le vicomte de Turenne, qui nommait le trésorier des Etats (1), n'avait pas qualité pour surveiller la gestion de cet agent. Les comptes de recettes et de dépenses étaient entendus et vérifiés par l'assemblée.

---

(1) Voyez *supra*, L. I, ch. VIII, § 2.

C'est en 1661 seulement que le service du contrôle paraît avoir été établi. Des plaintes s'étaient élevées contre le receveur; on l'accusait de surcharger la taxe, de commettre des exactions, de lever sur les contribuables des sommes non imposées. Les membres des Etats de Quercy « affin qu'il ne reste aucune atteinte à l'advenir ni soupçon de fraude ni d'exaction contre personne de ceux qu'on pourroit présumer y avoir apporté quelque mauvaise intention (1) », arrêtent que le receveur des tailles rendra compte de ses recettes. Ils désignent comme contrôleurs les premiers consuls de Martel et de Saint-Céré et le premier syndic de Gagnac, la vérification devra être faite par deux au moins des commissaires délégués, avec faculté pour ceux-ci de choisir des suppléants parmi les notables des communautés de la province. La vérification des comptes aura lieu à Martel, aux dépens du pays. Le greffier représentera aux commissaires les cahiers d'Etats et les tableaux de répartition; de son côté, le trésorier leur apportera ses registres (2).

Dans la session de 1663, les députés rappellent leur précédente décision et la confirment; ils expliquent que la vérification portera sur tous les

---

(1) *Pièces justif.*, n° XXV.
(2) *Pièces justif.*, n° XXV.

exercices de la gestion du sieur Chèze, depuis son entrée aux fonctions, et qu'elle se continuera d'année en année (1).

II

Nous avons déjà dit que les fonctionnaires des Etats, nommés par le vicomte, n'étaient installés qu'après avoir prêté le serment de bien remplir leurs fonctions (2). Cette prestation de serment avait lieu en séance, sur la réquisition du président de l'assemblée. Un procès-verbal en était dressé et conservé par le greffier.

Le receveur des tailles, le greffier et le sergent des Etats étaient tenus de remplir cette formalité avant de prendre possession de leur charge. C'était une sorte d'investiture que leur donnaient les députés.

III

Une des attributions les plus intéressantes des Etats était l'établissement des règlements de leurs séances.

Non seulement ils disposaient à leur gré l'ordre de leurs discussions, mais ils avaient aussi le droit de vérifier les pouvoirs des personnages qui pouvaient y prendre part. Le comm˙ saire délégué par le vicomte pour présider la séance devait au préa-

---

(1) *Pièces justif.*, n° XXVI.
(2) Voyez *supra*, L. I, ch. VIII.

lable exhiber sa commission (1). On se souvient de la longue lutte que soutinrent les Etats contre Gédéon de Vassinhac; ils lui refusaient le droit de conclure et même de présider (2). On sait aussi combien ils se montrèrent hostiles au syndic général de Tersac; ils lui contestèrent l'entrée aux séances (3). Elisabeth de Nassau fut obligée de rendre une ordonnance pour que le procureur général du domaine puisse occuper la place que ses devanciers avaient eue dans l'assemblée (4). En ces diverses occurrences, les Etats exagéraient sans doute leur autorité. Ils furent obligés, en définitive, de s'incliner devant la volonté de leur seigneur.

Ils ne sortaient pas de leurs attributions lorsqu'ils fixaient le moment de la séance où les syndics des communautés devaient présenter leurs réclamations. Ces syndics ne pouvaient assister qu'à la séance d'ouverture; ils se retiraient lorsque la discussion allait commencer. Il était donc naturel de les obliger à déposer leurs requêtes avant de quitter la salle. L'ordre du jour était alors définitivement fixé et les députés connaissaient, en entrant en délibération, toutes les matières sur lesquelles devait porter leur examen. Dans la

---

(1) Voy. *supra*, L. I, ch. VII.
(2) id. id.
(3) Voy. *supra*, L. I, ch. VI.
(4) *Pièces justif.*, n° XVI.

session de 1637, ils décident « que doresnavant toutes requestes et demandes, qui pouvroient estre faites par quelles personnes que ce soit, seront présentées et proposées par tout le jour de la première séance qui se faira esdicts Estats, autrement elles seront rejetées (1). »

C'est eux qui prirent l'initiative de la réunion en un seul corps des assemblées de Quercy et de Limousin. Assurément, la mesure ne pouvait être prise sans l'assentiment du vicomte; il s'agissait, en effet, de modifier pour ainsi dire la charte constitutionnelle de la vicomté. Mais dès l'année 1682, ils firent des démarches en ce sens, poursuivirent leur projet et parvinrent à le réaliser en 1703 (2). Ils établirent alors un roulement pour assurer à tour de rôle des tenues d'Etats aux localités du Quercy et à celles du Limousin.

Dans un but d'économie, l'assemblée du Quercy décida en 1696 « qu'à l'avenir les communautés des Estats y envoyeront le plus petit nombre des députés qu'il se pourra. » La réunion plénière de 1703 approuva cette résolution et régla les conditions dans lesquelles les villes de la vicomté seraient représentées dorénavant (3).

---

(1) *Pièces justif.*, n° XIX.
(2) *Pièces justif.*, n° XXX.
(3) Voy. *supra*, L. I, ch. VI.

IV

La police appartenait au vicomte. Les Etats ne pouvaient rendre aucune ordonnance à ce sujet; mais lorsque des irrégularités ou des infractions leur étaient signalées, ils adressaient au vicomte d'humbles remontrances, le suppliant « de pourvoir par ses ordres à ce que les ordonnances et reglemens soient observés à l'advenir pour ce qui concerne la police, à la diligence des officiers à ce préposés (1). »

Ils surveillaient les étrangers sans profession et sans ressources, les vagabonds et les gens sans aveu qui venaient s'établir dans la vicomté, « ne pouvant y apporter aucun bien ny advantage » et réclamaient contre eux l'application des lois (2).

Les offices s'étaient multipliés et le personnel des tabellions ne présentait pas toutes les garanties désirables. Les Etats appelaient sur eux l'attention du vicomte, l'invitaient à « réduire le nombre des notaires sur l'ancien pied (3). »

Dans toutes ces matières, qui échappaient à leur pouvoir, ils procédaient comme nos conseils généraux : ils émettaient des vœux. L'administration compétente instruisait leurs réclamations et y faisait droit, si elle le jugeait à propos.

---

(1) *Pièces justif.*, n° XXXIV.
(2) *Pièces justif.*, n° XXXIV.
(3) *Pièces justif.*, n° XXXIV.

CONCLUSION

RÔLE ET INFLUENCE DES ÉTATS.

Importance du rôle des Etats pendant la féodalité. — Son déclin au xvi⁰ siècle. — Les députés cherchent à rétablir leur indépendance. — Leurs efforts sont couronnés de succès. — Gestion des finances. — Conservation des privilèges. — Administration générale. — Remontrances. — Contrôle des officiers du vicomte. — Dénonciation des abus. — Fidélité des Etats. — Leur influence favorable au vicomte. — Ils répriment des tentatives séparatistes. — Ils maintiennent l'autonomie de la vicomté. — Exigences pécuniaires du vicomte. — Les communautés se plaignent. — Les Etats résistent. — A bout de ressources, le vicomte négocie la cession de la vicomté.

Ce que fut le rôle des Etats de Turenne, on le voit assez nettement quand on connaît leur mode de recrutement et l'ensemble de leurs attributions.

Institués en pleine féodalité, composés à leur origine des grands propriétaires terriens de la vicomté, ils étaient appelés à prendre une part active à l'administration du pays. Ils tenaient en mains ses intérêts, géraient sa fortune, défendaient ses privilèges, délibéraient sur les questions d'ordre général (1). Si le vicomte intervenait dans leurs discussions et votait avec eux, c'est qu'il était lui aussi un possesseur de fiefs et le plus puissant, leur suzerain.

Lorsque les rois étendirent progressivement sur la France leur pouvoir absolu, le vicomte, suivant l'exemple qui lui était donné, chercha à renforcer son autorité et à se grandir au détriment de ses vassaux. La noblesse était prépondérante dans les Etats; il supprima cette source d'opposition. Aux communautés dévouées, il donna une représentation plus nombreuse. Il voulut faire des Etats une chambre soumise, un bureau d'enregistrement. Leur rôle fut amoindri, se réduisit au vote des subsides et à la répartition de l'impôt. Dans leurs cahiers de la seconde moitié du XVIe siècle, nous ne voyons aucune autre matière en délibération; et encore le chiffre des subsides n'était-il jamais discuté (2).

Cette sujétion était trop sensible pour ne pas froisser les membres des Etats. Ils essayèrent de réagir, de reconquérir un peu de leur indépendance. De là les récriminations et les querelles du XVIIe

---

(1) *Pièces justif.*, n° XV.
(2) *Pièces justif.*, n°s IX et suivantes.

siècle, la lutte opiniâtre contre le syndic général du Quercy, les difficultés soulevées contre les commissaires délégués par le vicomte pour présider les sessions. L'énergie et la constance des députés ne furent pas inutiles. S'ils échouèrent dans une partie de leurs revendications, ils purent du moins ressaisir quelques-uns — et les plus importants — des droits dont ils avaient été privés. La gestion des finances de la vicomté leur appartint sans conteste, et ils ne laissèrent jamais lever un impôt quelconque qu'ils n'avaient pas voté.

La vicomté leur dut la conservation de plusieurs de ses privilèges. Ils s'en montraient plus soucieux que le vicomte lui-même. Quand le roi envoyait ses régiments à Gagnac, quand il tentait d'assujétir les vicomtins à la capitation, les Etats protestaient, obligeaient le vicomte à protester lui-même, à acheter le retrait des ordonnances, préférant un sacrifice pécuniaire à la perte de leurs franchises.

Ils prenaient aussi une part active à l'administration générale de leur pays, ordonnaient et payaient les travaux d'utilité publique, veillaient à l'entretien de la voirie, faisaient réparer les chemins et construire des ponts. Ils subventionnaient des écoles, distribuaient des aumônes aux couvents et des gratifications aux fonctionnaires, soldaient en temps de trouble la garnison du château.

En dehors de leurs attributions, ils exerçaient une surveillance générale, adressaient des remontrances au vicomte et lui transmettaient les plaintes qu'ils avaient reçues, lui signalaient les violations des règlements de police.

Les officiers de la maison de Turenne outrepassaient-ils leurs droits, les Etats les rappelaient à l'ordre. Ils dénonçaient les surtaxes des frais de justice (1), demandaient le dégrèvement du papier timbré, du contrôle des exploits et des actes de notaire « que les habitans prétendent contraires aux droits et franchises dudit pays, de peu de valeur pour son Altesse et fort à charge au peuple (2). » Ils avaient obtenu déjà, en ce qui concerne le papier timbré et le contrôle, d'importantes concessions que l'assemblée de 1696 rappelait en ces termes : « Son Altesse, par les mouvemens de sa juste bonté, a bien voulu et reglé que le controlle des actes des notaires demeure revoqué et suprimé entierement, en sorte que dans la vicomté on ne soit plus assujetti aux droits ny a la necessité dud. controlle; et pour les droits du papier timbré elle les a reduits a la moitié moins de ce qu'ils estoient qui est a l'avenir a huit deniers la

---

(1) *Pièces justif.*, nº XXV.
(2) Archives nationales, U, 978, Etats du 30 mai 1696.

feuille du papier et approportion, et a reglé que les quittances de ces rentes comme tous autres escrits privés pouront estre faits sur papier non timbré, et pour ce qui regarde le controlle des exploits elle la remis a trois sols par chaque feuille et a reglé qu'il ne sera payé qu'un seul droit de controlle pour chaque exploit tant de saisie qu'autres même ou plusieurs personnes seront comprises pour même affaire en matière civille comme en matières criminelles (1). »

En politique habile, le vicomte ménageait les Etats, accueillait favorablement leurs requêtes, parce qu'il avait éprouvé leur fidélité et savait qu'en maintes circonstances ils ne lui avaient pas marchandé leur concours. Si la vicomté restait unie et soumise à ses ordonnances, payait exactement l'impôt, l'influence des Etats n'y était pas étrangère. Ils avaient plus d'une fois calmé des mécontentements, levé des oppositions, arrêté des procès, reprimé des tentatives séparatistes. En 1600, les communautés de Curemonte, de Collonges et de Meyssac s'étaient soulevées contre les règlements votés par l'assemblée tenue à Beaulieu le 27 mai 1596; mais les États leur firent entendre raison et obtinrent qu'elles se désistassent de leurs appels. La situation était plus grave en 1707. Des parois-

---

(1) Archives nationales, U. 978.

ses limousines refusaient d'obéir aux décisions prises dans les sessions de 1642 et de 1703 (1), s'insurgeaient « contre ce qu'elles doivent à son Altesse Mgr le duc de Bouillon, contre les traités que ce païs a faits avec luy et avec ses prédécesseurs et contre l'authorité légitime aussi ancienne

---

(1) La session de 1703 fut très agitée. Le vicomte n'obtint qu'une partie des sommes qui avaient été demandées en son nom. Un de ses officiers lui annonça en ces termes le résultat des délibérations :

« Monseigneur,

» Notre assemblée finit jeudi (à Argentat) après le passage du courrier. On y regla avec M. Favre tous les differens et un don pour S. A. Mgr le duc de Bouillon de trente-quatre ou cinq mille livres ou l'on comprend quelque somme pour leurs A. Madame et Mademoiselle de Bouillon. L'on ne put donner à V. A. que quinze mille livres qu'on vous supplie très humblement d'agréer, par des obstacles invincibles qui ne vinrent pas du pays; je dois rendre temoignage à V. A. que tous les députés auroient convenu pour elle de vint mille livres, ne se voyant pas la liberté d'en faire d'avantage, et qu'on fut obligé de se réduire au 15000ll. J'ay été bien fasché, Monseigneur, qu'on n'ait pu faire autre chose, et que tous les soins dont j'ay été capable aient été si peu utiles à V. A. Tout le pays étoit disposé comme il doit. M. Favre a voulu attendre l'agrement de S. A. Mgr. de Bouillon pour dresser et signer le traité et les dons; il écrit par courier pour le lui expliquer et faire trouver bon; je voudrois bien pouvoir mieux marquer à V. A. avec quelz sentimens de respect, de soumission et de zele je suis, Monseigneur, de votre Altesse le tres humble, tres obeissant et tres fidelle serviteur : LAVAUR.

» St-Céré ce 24e juillet 1703. » (Archives nationales, R² 494).

En réalité, l'opposition des paroisses syndiquées avait été énergiquement soutenue dans cette session. La lettre suivante, qui accompagnait la copie du cahier envoyée au vicomte, nous révèle les vives discussions qui marquèrent cette séance : « J'envoye à votre Altesse le cahier qui s'est enfin signé samedy après des difficultés et des contestations infinies. Il n'y a presque point d'article sur lequel on n'ait esté près de rompre; et j'aurois effectivement rompu cent fois pour une si je n'avois été persuadé que dans les affaires il ne faut point apporter d'humeur, et qu'une rupture, dans les circonstances présentes, était une chose pernicieuse. Il n'y a rien au monde que je n'aye fait pour obtenir une augmentation du don, et pour en faire réduire le paiement dans des temps moins éloignés.

— 309 —

qu'incontestable des Estats de la vicomté (1). » Pour donner plus de poids à leur résistance, ces paroisses factieuses s'étaient syndiquées. Une compagnie de dragons avait été appelée par le vicomte (2). On pouvait s'attendre à une collision, tout au moins à de grosses difficultés et à de longs procès (3). Les députés du Limousin et du Quercy n'hésitèrent pas à se réunir en assemblée générale, exhortèrent les rebelles à la soumission et prirent des mesures énergiques pour ramener la paix dans le pays (4). Le vicomte, qui suivait cet incident d'un œil anxieux, avait, dès le début, complimenté les Etats sur leur attitude résolue et s'était engagé à prendre à sa charge tous les frais auxquels ils pourraient être exposés (5).

Le mardy et le mercredy furent employés tous entiers en disputes, en allées et venues et en négociations sur ces deux points. Mais le moyen de faire entendre raison à une multitude dont la plus grande partie qui la composent n'avoit que de l'entêtement soustenu même dans quelques uns de beaucoup de mauvaise volonté et d'interests particuliers ou d'impulsions estrangères qui les portoient à ne point conclure cette affaire. » (Archives nationales, R² 494). La lettre ne porte pas de signature.

(1) *Pièces justif.*, n° XXXII.
(2) *Pièces justif.*, nos XXXVII, XL et XLI.
(3) Voir la *Harangue d'un bon vicomtin*, écrite à cette occasion ; *Pièces justif.*, n° XXXVII.
(4) *Pièces justif.*, nos XXXII et XXXIII.
(5) Voici la teneur de l'engagement pris à ce sujet par le vicomte de Turenne :

« Relief de son Altesse Monseigneur le duc de Bouillon en faveur de Messieurs les Etats du vicomté, du 14 décembre 1700.

» Nous souverain duc de Bouillon, voulant tesmoigner à Messieurs les Estats de nostre vicomté de Turenne la satisfaction que nous avons de l'acte qu'ils ont passé dans la ville de Sainct-Cerré le vingt

Utile au pays et profitable au vicomte lui-même, l'influence des Etats s'exerçait ainsi heureusement sur toutes les branches de l'administration. Elle contribua dans une certaine mesure au maintien de l'autonomie de la vicomté. Le vicomte de Turenne, en effet, devait avoir quelques scrupules à négocier la cession à la couronne d'une principauté qui lui donnait un rang à part parmi les plus grands seigneurs du royaume, avait une vie parlementaire assez intense, était fière de ses privilèges, gérait avec prévoyance ses intérêts et se montrait généreuse dans l'allocation des subsides.

Mais ses demandes d'argent devenaient chaque année plus exigeantes et l'opposition des communautés augmentait en proportion. Les députés comprenaient que le peuple était à bout de sacrifices; ils résistaient de leur mieux aux réclamations des commissaires, ne cédaient qu'après de longues et vives discussions. Les inquiétudes du pays avaient gagné l'assemblée. Sentant que l'appui des Etats allait bientôt lui manquer, que les vicomtins se désaffectionnaient de lui, que ses dernières

---

deuziesme de novembre dernier au subject de la sedition et soulevement arrivés à Mayssac et dans quelques autres paroisses dud. vicomté, nous leur promettons et nous enguageons par ces presantes de les indempniser de tous les frais qui pourront estre faict pour eux ou soubz leur nom ou contre eux pour raison de cette affaire au cas qu'elle produise un procez qui vienne à estre traitté en justice reglée ou de quelque autre maniere que ce puisse estre. Fait en nostre chasteau de Navarro les Evreux, le quatorze décembre mil sept cens sept. Signé : Le duc DE BOUILLON. » (Document communiqué par M. Champeval.)

essources étaient épuisées, le duc de Bouillon, malgré les prières de quelques vassaux fidèles (1), e décida enfin à mettre sa signature au bas du raité d'union que lui présentait le roi de France.

---

(1) La lettre suivante, écrite, le 3 mai 1738, par M. du Bac du Coudere à M. de Cautines, de Saint-Privat, nous révèle l'état des esprits au moment de la cession de la vicomté :

« Le malheur qui vient d'arriver à notre pauvre païs est un coup atal qui nous fait perdre pour toujours le repos et la tranquillité dont os pères et nous avons joui jusqu'à présent. La mauvaise conduite e ceux qui se sont séparés des intérêts de Mgr le duc de Bouillon t qui ont divisé par là le vicomte d'avec les vicomtins, est la première cause de notre perte, parceque le prince n'auroit point pensé faire sortir de sa maison cette terre, si l'aliénation des cœurs n'étoit venue au point où on l'a vue. Les gens qui y ont donné lieu ne sont pas à plaindre, mais malheureusement l'innocent est confondu avec le coupable par le sort commun qui nous enveloppe tous. Enfin es sortes de réflexions ne doivent avoir d'autre effet aujourd'huy qu'à nous faire adorer la main de Dieu et lui offrir nos peines... Il est vrai que Mgr le duc de Bouillon a bien voulu demander au Roy es grâces pour les familles attachées depuis longtemps à sa maison; il m'a mis dans ce nombre... » (Document des archives de M. de Cautines, à Saint-Privat, communiqué par MM. Champeval et Ph. de Bosredon.)

TABLE DES MATIÈRES

Avant-Propos.................................... P. 5

Introduction................................... P. 11

§ I. — La Vicomté de Turenne.

La *vicaria Torinensis*. — Le *pagus Torinensis* aux VIIIe et IXe siècles. — Testament d'Adémar des Echelles (vers 930). — Erection du territoire de Turenne en vicomté (fin du Xe siècle). — Démembrement de 1251. — Fiefs hommagés. — La vicomté en 1350. — La terre de Chameyrat. — Vente de la seigneurie de Larche, en 1442. — Dénombrement des paroisses de la vicomté aux XVIe et XVIIe siècles. — Les châtellenies du Périgord ne sont pas représentées aux Etats. — Limites de la vicomté au XVIIIe siècle. — Cantons qu'elle a formés en tout ou en partie dans les départements de la Corrèze, du Lot et de la Dordogne. — Nombre des villes, villages et hameaux compris dans ses limites..... P. 13

§ II. — Origine des États de la Vicomté.

Les droits des vicomtes de Turenne d'après un Mémoire de 1711. — Ils n'auraient été, avant le XVIe siècle, que des seigneurs hauts justiciers. — Leurs usurpations de droits souverains. — Les Etats de la vicomté dateraient de 1550. — But du Mémoire de 1711. — Réfutation des erreurs qu'il contient. — Au xv° siècle le roi n'a jamais levé de subsides sur les vicomtins. — Ancienneté des privilèges de la vicomté. — Depuis son origine elle est exempte du paiement des tailles et autres droits royaux. — Les vicomtes ne doivent au roi qu'un hommage d'honneur. — Formes de cet hommage. — Droits de souveraineté des vicomtes. — Comment ils exerçaient leur souveraineté. — Institution des Etats. — Leur ancienneté. — Epoque probable de leur établissement. — Leur fonctionnement est certain dès le commencement du xv° siècle.................... P. 29

Livre I. — Organisation des États................ P. 45

Préambule .... P. 47

Chapitre Ier. — Etats de Limousin et Etats de Quercy.

Division de la vicomté en pays de Limousin et pays de Quercy. — Motifs de cette division. — A l'origine il n'y a qu'une assemblée unique pour les deux pays. — Scission des Etats en deux assemblées, l'une de Limousin et l'autre de Quercy. — Faculté pour le vicomte de convoquer des assemblées plénières. — Assemblées générales de 1584 et 1642. — Projet d'une réunion générale vers 1663. — Les Etats de Quercy demandent la fusion des deux assemblées. — Etats généraux de la vicomté tenus à Argentat en 1703. — Il est résolu que les Etats ne formeront à l'avenir qu'un seul corps. — Réunions générales de 1707 et 1708. — Réunions séparées de 1722 et 1732. — Le vicomte concède aux Etats le droit de se réunir par province ou par corps............. P. 49

Chapitre II. — Catalogue des Sessions.

Sessions de Limousin. — Sessions de Quercy. — Sessions générales. — Tableaux chronologiques des sessions. — Les locaux des réunions à Turenne, à Meyssac, à Beaulieu, à Argentat, à Martel, à Saint-Céré et à Gagnac. — Epoque annuelle de la convocation. — Réunions multiples dans la même année. — Etats ordinaires et Etats extraordinaires. — Durée des sessions. — Heure des séances......... P. 57

Chapitre III. — Du Droit de Convocation.

Ce droit appartient au vicomte. — Ses mandements. — Il peut déléguer ce droit. — Ses fondés de pouvoir. — Réunion factieuse à Bétaille. — Les Etats promettent de ne plus s'assembler sans ordre. — Avis de la convocation donnés par le vicomte aux consuls et aux syndics généraux. — Les Etats obtiennent en 1708 le droit de s'assembler sans autorisation préalable. — Restriction de cette autorisation. — Le vicomte seul a le droit de désigner les localités où doivent se tenir les sessions. — En fait, depuis 1634, les Etats fixent eux-mêmes le lieu de leur prochaine réunion. — En 1703, un roulement est établi entre les localités du Limousin et celles du Quercy.................................... P. 73

Chapitre IV. — Recrutement et Composition des Etats.

A l'origine, les Etats de la vicomté sont des assemblées des trois ordres. — Les membres du Clergé. — Ils ne sont admis aux Etats qu'en leur qualité de seigneurs terriens. — Les membres de la Noblesse. — Ils représentent leurs terres. — Le Tiers-Etat. — Il se compose des représentants des villes jouissant de franchises. — Villes du Limousin et du Quercy représentées aux Etats. — Mode de représentation. — Déclin des Etats provinciaux du royaume. — Transformation du mode de recrutement des Etats de la vicomté. — Le clergé n'y est plus admis. — Les syndics généraux de la noblesse. — Les adjoints des consuls et des syndics des villes. — Composition des Etats. — Fixation de la date de cette transformation......... .... P. 81

Chapitre V. — Les Syndics généraux de la Noblesse.

Syndics généraux du Limousin : — Pierre de Chabrignac (1576-1579). — De La Meschaussée (1608-1618). — Mercure de Chabrignac (1650-1661). — De Meynard (1695-1708). — De Pesteils (1715-1722). — Syndics du Quercy : — De Bastit (1579-1589). — De Carman (1589-1599). — De Vassinhac (1599). — De Tersac (1610-1663). — De Mirandol (1694-1695). — De La Batut (1707-1722). — Leurs gages. — Allocations supplémentaires. — Nomination des syndics généraux. — Prestation de serment. — Installation. — Mandat à vie. — Lutte des Etats de Quercy contre leur syndic général. — Résolutions des Etats de 1661. — L'assemblée de Bétaille. — Le vicomte promet de supprimer la charge de syndic général. — Il ne tient pas cet engagement. — Soumission des Etats.. P. 91

CHAPITRE VI. — LES REPRÉSENTANTS DES VILLES.

Les sept villes de la vicomté. — Leurs représentants aux Etats. — Les adjoints. — Nombre des députés en Limousin et en Quercy. — Les consuls et les syndics sont députés de droit. — Mode de nomination des adjoints. — Gratuité du mandat des adjoints. — Gages des consuls et des syndics. — Au xvie siècle les membres des Etats sont nourris aux frais de la vicomté pendant la durée des sessions. — Indemnités de déplacement et de séjour à partir du xviie siècle. — Taxe de ces indemnités. — Réduction du nombre des députés (1703). — Les conseils et les sergents des villes représentées. — Gages des sergents............. P. 101

CHAPITRE VII. — LES COMMISSAIRES DU VICOMTE.

Ils président les Etats en l'absence du vicomte. — La commission. — Sa forme. — Mondon de Commers (1486). — Chabrignac de Romaury (1576). — Geoffroy du Saillant (1579). — Gédéon de Vassinhac (1623). — Les Etats de Quercy protestent contre la nomination de ce commissaire. — Il est maintenu dans ses fonctions. — La lutte s'engage entre les députés et le délégué du vicomte. — Session de 1634. — Menaces et voies de fait. — Elizabeth de Nassau n'abandonne pas son commissaire. — Il préside encore les États de 1676. — Jean de Barrat (1694). — André Favre (1703)... P. 111

CHAPITRE VIII. — LES FONCTIONNAIRES DES ÉTATS.

I. Le Greffier des États. — Il est nommé par le vicomte. — Il prête serment. — De Sillamonte (1608). — Antoine, Jean et Symphorien Girbaud (1634-1722). — Sclafer (1734). — Les gages du greffier. — Gratifications. — Fonctions du greffier. — Jean Oudart, greffier d'office (1634). — II. Le Receveur des tailles. — Nomination. — Serment. — Cautionnement. — Fonctions. — Charles et Jean Foucher (1634-1643). — Giles Lacheze (1650). — Tournier (1676). — Gages du receveur. — Indemnités diverses. — III. Le Sergent des États. — Ses fonctions. — Nomination. — Prestation de serment. — Sergents supplémentaires. — Gages et indemnités... P. 121

CHAPITRE IX. — LA TENUE DES SÉANCES.

Préséances. — Fonctionnaires assistants. — Le Procureur général du domaine. — Son rôle. — Les États contestent son droit d'intervention. — Ordonnance d'Elizabeth de Nassau (1634). — Gages du procureur. — Le Sénéchal du vicomte. — Ses gages. — Le Prévôt de la vicomté et le secrétaire du vicomte. — Publicité des séances d'ouverture. — Le Président. — Discours d'ouverture. — Réponse du syndic général. — L'ordre du jour. — Le vote. — Le cahier des États.................................... P. 129

LIVRE II. — ATTRIBUTIONS DES ÉTATS............... P. 137

PRÉAMBULE.. P. 139

CHAPITRE Ier. — LE VOTE DE L'IMPÔT.

Organisation féodale de la vicomté. — L'organisation du royaume lui sert de type. — Au xve siècle, le roi ne lève pas d'impôt sans le consentement des États provinciaux. —

Création des Elus; déclin des Etats provinciaux. — Les Etats de Turenne conservent leur omnipotence financière. — Ils votent l'impôt. — Des différentes charges auxquelles le produit de l'impôt doit faire face. — Les aides. — Les dons extraordinaires. — Les procès. — Les travaux publics. — La conservation des privilèges. — Les gages des fonctionnaires. — Les gages des députés. — Le droit de voter l'impôt n'est jamais contesté aux Etats. — A défaut de réunion des Etats, le sénéchal ou le procureur fait l'assiette des tailles. — Bases de leurs répartitions. — Les Etats autorisent les communautés à s'imposer particulièrement.. P. 143

CHAPITRE II. — DES AIDES OU OCTROI ORDINAIRE AU VICOMTE.

Les aides constituent à l'origine la seule charge de la vicomté. — Leur nature. — Formule usitée pour réclamer ce subside. — C'est un don gracieux. — En apparence il est à la discrétion des Etats. — Il n'est pas périodique. — Son *quantum* est variable. — Vers 1575, les aides deviennent annuelles. — Les Etats contractent un abonnement. — Son insuffisance se manifeste bientôt. — Dons extraordinaires. — Progression successive du montant de l'abonnement. — Revenus du domaine du vicomte.. P. 151

CHAPITRE III. — LES DONS EXTRAORDINAIRES.

Fréquence des demandes extraordinaires de subsides. — Elles deviennent annuelles. — Leur importance est variable. — Leurs causes à l'origine. — Rémunération de services publics. — Dons aux vicomtes. — Faveurs achetées. — Remboursement des dépenses faites par le vicomte. — Défense des privilèges. — Dons gracieux. — Achat d'un cheval. — Formules respectueuses adoptées par les donateurs. — Augmentation successive du montant des dons extraordinaires. — Cadeaux aux membres de la famille du vicomte. — Ces dons ne sont pas toujours spontanés. — Les désirs du vicomte sont officieusement communiqués aux Etats. — Formule d'une lettre de sollicitation................ P. 159

CHAPITRE IV. — LA CAPITATION ET LES TAXES ROYALES.

Les vicomtins ne payent pas de subsides aux rois de France. — Leur exemption est plus apparente que réelle. — Les vicomtes achètent le retrait des ordonnances royales d'imposition. — Les Etats fournissent l'argent aux vicomtes. — Emprunt de 1637. — Le roi veut assujétir la vicomté à la capitation. — Résistance des communautés. — Factions et cabales. — Le duc d'Albret entreprend un voyage de pacification. — Le plan de sa conduite et le thème de ses discours sont arrêtés par son père. — Propositions d'arrangement. — Passage de Louis XIII à Brive. — Les Etats lui envoient leurs vœux. — Ils font un cadeau à son lieutenant général... P. 169

CHAPITRE V. — LA CONSERVATION DES PRIVILÈGES.

Les Etats veillent à la conservation des privilèges de la vicomté. — Leurs démarches. — Leurs mandataires. — Justel. — Ses missions en 1634, 1637 et 1643. — De Tersac. — Gratifications allouées. — Initiative des communautés. — Le régiment de Vendôme à Gagnac. — Les syndics négocient son départ. — Rémunération accordée par les Etats à la communauté de Gagnac. — Allocations aux consuls et aux syndics des trois villes du Quercy. — Cadeau fait à M. de Sireuil.................................... P. 179

CHAPITRE VI. — LES DÉPENSES DES DÉPUTÉS EN MISSION.

Les Etats envoient des députations aux vicomtes. — Mode de nomination des députés. — Motifs des missions. — Compliments à l'occasion du mariage du vicomte. — Devoirs de condoléance. — Protestation contre les impôts nouveaux. — Les cadeaux. — Frais de voyage des députés. — En cas d'urgence, les communautés prennent l'initiative de l'envoi d'une députation. — Les Etats statuent sur le remboursement des frais de voyage. — Ils refusent quelquefois ce remboursement quand la mission n'avait pas été ordonnée par eux. — Mission relative à la ferme du domaine du vicomte.. P. 187

CHAPITRE VII. — LES FRAIS DES SESSIONS.

A l'origine, le mandat des députés est gratuit. — Il devient salarié au milieu du xvi° siècle. — Les frais des sessions. — Ils comprennent les gages et les indemnités des députés et des fonctionnaires et quelques dépenses accessoires. — Renvoi aux chapitres précédents. — Ces frais sont peu élevés au début. — Leur progression rapide de 1576 à la fin du xvii° siècle. — Accroissement du nombre des fonctionnaires et des employés. — Elévation des gages. — Augmentation des dépenses accessoires et des frais de séjour. — La progression est plus considérable en Limousin qu'en Quercy.. P. 195

CHAPITRE VIII. — LA DIRECTION DES PROCÈS.

Procès relatifs au paiement des impôts. — L'action est intentée au nom du vicomte. — Elle est suivie et dirigée par les Etats. — L'impôt est-il personnel ou foncier ? — Ordonnance de 1643. — Formalités du changement de domicile. — Difficultés soulevées par les nobles. — Biens nobles et biens roturiers. — Résistances de certaines communautés. — Les syndics des Etats. — Juridictions diverses. — Durée des procès. — Le vicomte se rend garant des frais. — Procès relatifs aux intérêts généraux de la vicomté. — Procès soutenus par les communautés. — Usurpations des barons de Castelnau. — Intervention des Etats. — Subventions allouées aux communautés. — Différends entre les Etats et le vicomte. — Le droit de francs-fiefs. — Transaction........ P. 203

CHAPITRE IX. — LES TRAVAUX PUBLICS.

Le domaine public de la vicomté. — Le château de Turenne appartient en propre au vicomte. — Comment les Etats pourvoient à son entretien. — Solde du capitaine et de la garnison du château. — Réparations aux églises. — Elles sont à la charge des communautés. — Construction d'une halle à Saint-Céré. — Toutes les paroisses intéressées contribuent aux travaux. — La voirie. — Les Etats font face aux dépenses d'intérêt général. — Ils contribuent pour une quote-part aux dépenses d'intérêt restreint. — Ils autorisent les communautés à s'imposer pour le surplus. — Travaux sur le ruisseau la Tourmente. — Constructions et réparations des ponts. — Le voyeur et le grand voyeur.. P. 213

CHAPITRE X. — INSTRUCTION PUBLIQUE ET AUMÔNES.

L'instruction et les secours aux moines ne sont pas des services d'ordre public. — Indépendance des assemblées en cette matière. — Les Etats de Quercy allouent des gages aux régents dès l'année 1637. — Ceux de Limousin ne subventionnent leurs écoles qu'à partir de 1703. — Quotité des gages donnés aux régents des villes du Limousin et du Quercy. — Distribution d'aumônes par les députés quercinois aux ordres mendiants. — Protestations des campagnes. — Les députés limousins n'allouent qu'une seule aumône aux Capucins de Turenne en 1695.................................... P. 221

CHAPITRE XI. — ETABLISSEMENT DU TERRIER.

La conservation du terrier. — A l'origine elle est étrangère aux Etats. — Pendant plusieurs siècles les officiers du vicomte en ont le soin. — Négligence de ces officiers. — Ils ne font pas rentrer les revenus du vicomte. — Les Etats rachètent les arrérages échus. — Ils en prennent le recouvrement à leur charge. — Le vicomte leur remet son terrier pour poursuivre les retardataires. — Il leur impose la réfection du terrier. — Difficultés de cette opération. — Moyens employés par les Etats. — La garde des papiers. — Les Etats renoncent à leur entreprise. — Le vicomte la reprend à sa charge.................................... P. 229

CHAPITRE XII. — LE BUDGET DE LA VICOMTÉ.

L'impôt voté chaque année est proportionné aux dépenses. — Il varie comme elles. — Montant du budget général annuel de la vicomté. — Il est d'environ trois mille six cents livres en 1576. — Sa progression rapide. — Il dépasse vingt-deux mille deux cent quarante-cinq livres en 1608. — Le traité de 1642 aggrave les charges de la vicomté. — Les contribuables payent près de quarante mille livres. — Au commencement du xviii° siècle l'impôt atteint soixante mille six cents livres. — Il s'élève à près de cent mille livres en 1722.. P. 237

Chapitre XIII. — La Répartition entre les Paroisses.

L'impôt est réparti par les Etats entre les paroisses de la vicomté. — Répartition par les Etats du Limousin. — Répartition par les Etats du Quercy. — En Limousin quarante-sept paroisses contribuent au paiement de l'impôt. — Trente-deux ou trente-trois paroisses y contribuent en Quercy. Jusqu'en 1676. — Quarante-une paroisses de Quercy sont imposées en 1722. — Taux de la répartition. — Assiettes des tailles pour les paroisses de Limousin en 1576, 1577, 1578, 1579, 1608, 1634, 1647 et 1695. — Assiettes pour le Quercy en 1579, 1634, 1637, 1643, 1661, 1663, 1676 et 1722.. P. 245

Chapitre XIV. — Les Elus, Syndic, ou Collecteurs.

Les élus étaient, dans le principe, nommés par les Etats. — Ils recevaient l'investiture du vicomte. — Ils étaient choisis parmi les membres des Etats. — Leur nombre. — Ordonnance du 23 août 1525. — Les élus sont remplacés par des syndics-collecteurs. — Les assemblées des paroisses nomment les syndics. — Droits et devoirs de ces commissaires. — Date de leur élection. — Leur règle de conduite est tracée par les Etats. — Les mandes. — Elles sont rendues exécutoires par le sénéchal. — Echéance des cotisations. — Bureau du trésorier. — Cotes irrécouvrables..... P. 273

Chapitre XV. — La Procédure et les Dépens.

Les procès fiscaux. — Ils doivent être jugés gratuitement. — Le sénéchal perçoit des émoluments. — Plaintes des justiciables. — Règlements de 1642 et de 1661. — Date de l'envoi des mandes. — Délai accordé aux contribuables pour se libérer. — Droit de quittance. — Les contraintes. — Elles sont soumises à l'examen du sénéchal. — Instruction sommaire des réclamations. — Les insolvables et les exempts. — Résistance du sénéchal au règlement de 1661. — Il gagne le vicomte à sa cause. — Les Etats maintiennent leur règlement.. P. 281

CHAPITRE XVI. — IMPOSITIONS PARTICULIÈRES ET ACTES D'UNION.

I. Les paroisses sont placées sous la tutelle des Etats. — Elles ne peuvent s'imposer particulièrement sans leur autorisation. — Exemples d'impositions particulières. — Répartition et levée de ces impôts spéciaux. — La nécessité de recourir aux Etats est une gêne pour les communautés. — Les Etats de 1655 délèguent leur droit de contrôle au sénéchal. — L'assemblée de paroisse doit préalablement consentir à l'impôt. — II. Villages détachés de la vicomté. — Ils demandent à y entrer comme membres. — Les actes d'union sont consentis par les Etats....................... P. 289

CHAPITRE XVII. — ATTRIBUTIONS DIVERSES.

La gestion du trésorier est soumise à un contrôle. — Les Etats nomment les contrôleurs. — Leur nombre. — Le serment des fonctionnaires des Etats. — Il est prêté en séance. — Le règlement des séances. — Vérification des pouvoirs des délégués du vicomte. — Présentation des requêtes. — Réunion des Etats de Limousin et de Quercy en un seul corps. — Roulement établi entre les deux provinces pour les tenues d'Etats. — Fixation du nombre des députés. — Emission de vœux : la police, les étrangers et les notaires... P. 295

CONCLUSION.. P. 301

RÔLE ET INFLUENCE DES ÉTATS.

Importance du rôle des Etats pendant la féodalité. — Son déclin au xvie siècle. — Les députés cherchent à rétablir leur indépendance. — Leurs efforts sont couronnés de succès. — Gestion des finances. — Conservation des privilèges. — Administration générale. — Remontrances. — Contrôle des officiers du vicomte. — Dénonciation des abus. — Fidélité des Etats. — Leur influence favorable au vicomte. — Ils répriment des tentatives séparatistes. — Ils maintiennent l'autonomie de la vicomté. — Exigences pécuniaires du vicomte. — Les communautés se plaignent. — Les Etats résistent. — A bout de ressources, le vicomte négocie la cession de la vicomté...................... P. 303

www.ingramcontent.com/pod-product-compliance
Lightning Source LLC
Chambersburg PA
CBHW060418170426
43199CB00013B/2198